生活勵志
047

快樂只有自己能給

42個讓快樂不請自來的人生哲學

最貼近人性的心靈作家
何權峰◎著

高寶書版集團

〈自序〉快樂只有自己能給

何權峰

我寫了許多書，常有人問我：「我一直很快樂嗎？」

「沒有。」我承認，但如果你問我比以前快樂嗎？

「是的。」我真的比以前快樂多了，而且我相信每個人都可以。

現在或許你正想著：真的嗎？那我還沒得到想要的東西、還沒達成目標，該怎麼辦？我的錢不夠用、我的關係失合，要怎麼快樂？我的煩惱和痛苦又該如何解除？

會問這些問題就表示你還沒搞清楚。你認為快樂是什麼？是解決煩惱和痛苦嗎？但你一直把煩惱和痛苦放在心上，又怎麼可能快樂？

別人也不是快樂來源，倘若你的快樂來自別人，痛苦必然也來自他人，因為你一直把那個人放在心上，你的情緒必會隨著起落。對方合你的意，你就高興；不順你意，你就難過，這樣會快樂嗎？

還有很多人認為快樂是通過考試、達成業績、被某人讚美，或是買到喜歡的東西、得到佳人的芳心、體重再減幾公斤……，但這就是快樂嗎？這些快樂難道不像花朵在白天綻放、很快就在夜晚凋謝嗎？

也許你以為的快樂是吃大餐、大採購、去遊樂場、上夜店、喝酒狂歡……，這些都只是享樂，為的是逃避空虛無趣，所以享樂過後往往更空虛無趣，這又是「錯把痛苦當快樂」。

從小我們就被教育，要有錢、有頭有臉、有車有房以及這個那個。沒有人告訴你說快樂和這些無關，快樂無關外在，而是在自己的內心。有錢可以買好車、住大房，甚至僱司機和傭人，但在車裡和房子裡的還是同樣的你。物質可以改變生活，但不會改變你。

事實上，真正快樂的人，即使一無所有仍是快樂的。你見過小孩毫無理由地就很快樂嗎？他們沒有金銀珠寶、沒有名牌服飾、沒有升官發財，他們甚至什麼都不是，卻笑逐顏開。

到一些落後國家時，我不斷看見一些人，他們充其量只比飢餓稍微好一點，可是他們卻活得很喜悅。他們的生活充滿歡笑、歌舞，並慶幸他們所擁有的一切。在醫院我也看到許多身患重症、四肢不全的人微笑面對生命。反觀那些物質充裕、四肢健全的人，卻時常愁眉不展、抱怨連連，為什麼？

因為我們都搞錯了。快樂並不需要完美的人生來顯示。人們總是不斷地累積、無止境地追求，等待所有理想都實現、等待一切問題都解決、等待那顆欲求的心被填滿，大家想「抓住」的東西太多，以至於遺忘了自己原本就是快樂的。

印度聖者雷馬克利斯那說過一個故事：一個女人去看許久不見的朋友。進門後，她發現朋友收集了好多彩色線軸，五彩繽紛，琳瑯滿目。

她抗拒不了這些收藏的誘惑，趁著朋友去另一個房間，她偷了幾個線軸藏在腋下。可是她的朋友注意到了。她沒有責怪她，反而提議到：「好久沒見面了，一起跳舞慶祝吧！」女人尷尬萬分又不好拒絕，而為了不讓腋下的線軸穿幫，她跳得很僵硬，有如木頭人。主人勸她放鬆雙臂，她回答：「我不能。我只能這樣跳。」

想想看，如果她不再執著擁有、不再緊抓不放，她本來就是快樂、輕鬆自在的，不是嗎？

如果你不快樂，不快樂就是指標，表示你在某一地方執著了，你一定是被某個人、某件事、某個觀念、某個東西給束縛住了。會煩惱和痛苦的，就是要你別放在心上。

放下吧！我們冀求的快樂，無法假求於他人及他處，因為它們就在你的心裡。沒錯，快樂只有自己能給。

目錄

Part 3

事不要求全，人要能看破

Part 4

幸福近在咫尺，快樂遠在天邊

Part 5

人生苦短，當下最真

Part 6 如果你真的很累，就放下吧！

Part 1

再怎麼低潮，都不要忘了心的自由

不是某人使我心煩，而是我拿某人的言行來煩擾自己。
因為沒有人能爬進另一個人的腦袋，
改變對方的感覺，那是不可能的。
想想，若不是經過你的同意，他們能做到嗎？

1 心的主人是自己

「那個人讓我心煩。」

「是他讓我難過的。要不是他對我做了這個那個，我也不會抓狂。」

當你這麼說的時候，也就是把自己的心交給別人。

別人怎麼能讓你心煩、難過，甚至抓狂？難道他們把電腦連接到你的頭，然後把困擾下載到你的腦袋裡？就算他們真能做到，難道你不能不去點閱或關機嗎？

有個女孩說：「同學說的話，讓我很生氣。」我告訴她：「是妳接受同學說的話，所以很生氣。」這兩句話是不一樣的。別人要說什麼是他的事，至於接不接受是你自己做主。

相信別人可以帶給我們苦惱才是苦惱的根源

如果你為了別人的一句話就大發脾氣或飄飄欲仙，那你的心其實是跟著別人的話走。把自己的情緒建立在別人隨口說的話上，等於是把自己的「自主權」平白交給他人，就像把電腦的滑鼠交到別人手上，他們隨意按哪個檔案和畫面，你的情緒只能跟著牽動，而你還怪罪他人：「我的不快樂都是某人造成的，他要為我的痛苦負責。」但事實上，這是你「自願」的，不是嗎？

沒有人可以掌控我們的心，即使仇敵也辦不到。這點大家必須牢記，**如果你認為某人應該為你的感覺負責，表示你已經給予他掌控你的權力。**

有位哲學家說得好：「別人或外在的事物不會讓我們苦惱，我們相信別人可以帶給我們苦惱才是苦惱的根源。」

因為沒有人能爬進另一個人的腦袋，改變對方的感覺，那是不可能的。

想想，若不是經過你的同意，他們能做到嗎？

當你把「手指」指向別人時，你也把快樂交給了別人。
因為你是無能為力的、無助的，
你的快樂是掌握在別人手裡的，對嗎？
除非你能停止責怪他人，把責任從別人的手中拿回來，
否則你永遠只是受制於人的奴隸。

2 我就是忘不了！

那已是很久以前的事了，你還耿耿於懷。「沒辦法，我就是忘不了！」你說。

為什麼沒辦法？念頭總是來來去去，就像到家裡拜訪的客人，如果你不留住他們，他們不可能一直住下來。

比方說，你的朋友欺騙你，你可能會想：「他真不值得信賴。」隨著這個念頭會產生不愉悅的感覺，這是自然反應。但這個念頭稍縱即逝，之後又會有另一個不同的念頭。

如果你不讓這些念頭自然飄逝，反而緊抓不放，它們便會一直存在你心中。就像剛剛說的例子，如果你繼續往下想：「他說話怎麼可以不算話！真的很可惡，又虛偽！」於是你開始想對方犯的錯、想他讓你厭惡的言行，這念頭就越養越大。

現在你已經陷入困擾自己的念頭中，無法自拔。雖然這樣的過程非常可笑，卻每天都在發生。我們常在跟別人爭吵後，賭氣好幾天，儘管那是許多天前的事了，但我們會在腦海裡不斷重播對方的「嘴臉」，好像對方說了幾百次、幾千次似的。

所以人們常說：**「我忘不了他對我說過的話」、「我永遠忘不了他對我做過的事」**……，這說明了真正的原因是自己「念念不忘」，對嗎？

念頭只是「過客」，它們會自己離開

下次你生氣時，閉起眼睛、坐下，不要一直去想那件事，看看你能氣多久。你會發覺在幾分鐘之後，那個熱度已經減退，或者，在過了一小時之後，你發覺你已經完全忘記，在想其他事了。

你也可以在一天結束前試著回想當天發生的事，頂多只能想起一兩件印象最深刻的。同樣的，如果我們在月底試著回想當月發生的事，頂多也只能想起一兩件印象最深刻的事。在我們一生當中，能記住的事很有限，就算已經記住的事也常想不起來，不是嗎？

就像我剛剛去接了一通電話，再回到電腦前：「我剛才想到哪了……噢，對，我剛才在想寫完這篇稿子要去泡茶。」當你明白念頭只是「過客」，它們會自己離開，你便掌握了主控權。你不去「抓住」負面念頭，負面情緒就會消失不見。

想想，假如有一個討厭的人到你家白吃白住，惹得你心煩意亂，你會怎麼辦？你會把他留住，甚至對他「念念不忘」嗎？

一想到「忘了吧！」這句話，誰最先出現在你腦海裡？
是那個你最想忘記的人和事，對嗎？
你說：
「我想忘了這一切，我再也不要去想那個人和那件事了。」
但當你說出「不要去想」時，
你其實已經「在想」了，不是嗎？
越想忘記，就越是記得清楚。
所以重點不在忘掉，而是要放掉。除非你能夠放下它們，
才能真正忘掉。

3 你會不會太多心？

他經過你的時候臉上沒有笑容，你開始猜想自己是否得罪了他；他沒有回你電話，你就開始懷疑他在生你的氣；門外聽到腳步聲，你又開始想像，會不會有壞人，還是有鬼……

猜想會生出更多猜想，懷疑會生出更多懷疑，這是心運作的方式。只要我們心裡產生一個想法，就很容易相信它。因為相信，我們就認定它是事實。

想像在某個夜裡，你一個人待在房間，門外突然傳來聲音。你立刻察覺到這是開門的聲音。你的感官全部動員起來，「是小偷、色狼，還是殺人犯？」你呼吸加速，感覺心臟快要跳出來。結果當你前去察看，發現原來只是有東西掉下來，或是某個家人晚歸。這個令你恐懼的時刻，真正發生了什麼？

其實什麼也沒發生，但你彷彿經歷了九死一生。你的心智分不清楚什麼是真實或想像。在看恐怖片時也一樣，你的心跳加速、呼吸急促，甚至直冒冷汗，想像出來的感受和親身經歷一樣真實。

人們經常情緒不穩、心煩意亂，就是因為我們將每個進到大腦的想法都當真了。

我們應該了解心是什麼。心只是一種感官。心靈掌管大腦，就像眼睛掌管視覺一樣。當心產生意識時，我們就開始相信自己的想法。

煩惱就像門後的妖怪，只是你的想像

這故事許多人應該聽過：有個老婆一直懷疑她老公有外遇。最近，她覺得老公的舉止有些奇怪，於是她決定搜查老公的物品，看有沒有其他女人留下的「蛛絲馬跡」。

第一天，她找到一根烏黑柔細的頭髮，她很生氣地對老公說：「我就知道你外面有女人，這根頭髮你要怎麼解釋！」

「沒有的事，妳不要太多心了。」老公連忙澄清。

第二天，她發現一根白髮，更加激動地對老公說：「連老女人你也要，真是氣死我了！」

「別再胡鬧了！」老公無奈地說。

第三天，她氣得要離婚，老公不解地問：「今天妳沒有找到任何頭髮，為何生更大的氣呢？」

老婆回答：「我實在不敢相信，居然連禿頭的女人你都不放過。」人往好處想，就越想越高興；人往壞處想，就越想越氣。因為想的人是你，你越想就越像真的。

想讓心平靜下來的方法就是自我觀察，質疑「這是真的嗎？」

他沒打電話來，真是沒禮貌，真不會替人著想，他會不會把我忘了——「這是真的嗎？」

他臉上沒有笑容，他很不高興，他是衝著我來，想讓我難看——「這是真的嗎？」

門外傳來腳步聲，會不會有壞人？是不是有鬼？也可能是殺人犯——「這是真的嗎？」

想想看，如果沒有這些「虛擬」的想法，你的心是不是平靜下來了？

人常會問：「我要如何去除煩惱？要怎麼去除負面情緒？」

其實，煩惱和負面情緒都不是要把它拿掉的東西，

而是要看清它是「不真實」的，

看清那只是你的想像罷了。

對一個深信在門後躲著妖怪的孩子，你會怎麼說呢？

你會要他仔細對你描述那妖怪的長相？

你會教他如何殺掉妖怪嗎？那是沒意義的。

你只需要讓他知道，那妖怪只不過是想像出來的罷了。

一旦看清這點，他還會害怕嗎？

4 事情不是你想的那樣

「我真的很生氣！我氣的是他們把我看成那種人。」你說：「我討厭人家根本不了解我就亂下定論。」

原本最投緣的朋友卻因一些小事而吵架；最熟悉的人卻因一些猜疑而疏離；最深的交情卻因一些事沒說清楚而反目，為什麼？

答案是：自以為了解。

有位老太太一直覺得隔壁的鄰居很不夠意思。這鄰居本來和她交情極好，但自從老太太的丈夫過世、辦完葬禮之後，鄰居就再也沒來過她家了。

老太太甚至覺得鄰居老躲著她，即使路上不期而遇也只遠遠點個頭。

老太太逢人便抱怨：「我的鄰居真現實！我丈夫過世後，就不把我當朋友了！」

不久後，鄰居的丈夫也逝世了。老太太懷恨在心，連葬禮也沒去參加。不料，喪事才結束幾天，鄰居就登門拜訪了，而且與老太太閒話家常，彷彿什麼事都不曾發生。

老太太又向人抱怨：「那女人真現實！現在丈夫不在了，覺得無聊，又來找我！」

某天，鄰居又去拜訪老太太。老太太再也壓抑不住內心的不滿，問道：「為什麼我丈夫過世後，妳就不到我家了呢？」

「我其實很想來，」鄰居躊躇了一會兒，說：「但妳丈夫過世前不久，曾向我丈夫借錢。我擔心過來拜訪，妳會認為我是想跟妳要錢。現在我丈夫也過世了，我想這筆債也一筆勾消了，所以才來拜訪妳。」

老太太聽了相當自責，原來這段時間都是自己在白白生悶氣。

這種「自以為了解」，就是「誤解」的起因。

當你真的了解，才發現自己並不了解

記得慈惠法師在《諦聽生命之歌》中寫過一則故事：多年前有一天，星雲大師和弟子們下鄉參加一場弘法活動。當車子行經一間餐館時，赫然發現這家餐館外掛了一個招牌，上面寫著「吃小和尚」。

車裡的徒眾看了心裡很不高興，紛紛說：「這家餐館真是莫名其妙，什麼名字不好取，竟然以吃小和尚為店名，真是欺負出家人。」

等到弘法活動結束後，車子再次經過同一個地方，大家想把這間店給看個清楚。仔細一看，嚇了一跳，招牌竟然變成：「尚和小吃」。

原來，招牌是橫著寫的，所以從這頭看是「吃小和尚」，從那頭看就成了「尚和小吃」。事情真相大白後，車子裡的人又笑著說：「原來是這麼一回事。」

沒錯，事情往往不是你想的那樣。僅憑單一證據或從片面的認知去下結論，就像憑著封面去判斷一本書的好壞一樣，都太主觀了。

我聽說有位女士喜歡慢跑，但常有些狗向她亂叫。丈夫非常貼心，每當妻子跑步時，就騎著自行車尾隨在後，手持一根木棍，以便打狗。

某天一個司機開車經過，看看前面跑步的妻子，又看看手持木棍的丈夫，不禁叫道：「真是虐待！」

「我真的完全了解嗎？」在做任何判斷前，別忘了問自己。因為往往當你真的了解，才發現自己並不了解。

當我們與某人認識且相處久了，無形中就自認為了解對方。
許多誤會、猜忌也於焉而生。
事實上，你在想什麼只有自己最清楚，
我們也無法猜測別人在想什麼。
所以，與其猜測對方怎麼想，何不直接去問！

5 為什麼老愛生氣？

老公對老婆說：「明天我家人要過來聚一聚，請妳把房子打掃一下。」

老婆很生氣地說：「為什麼你都不先問問我？我已經跟朋友約好，現在又不能去，你太不尊重我了。」

老公聽到突如其來的指控也很不高興：「難道我連答應家人來我們家的權力都沒有嗎？我看妳才不尊重我！」

這類的對話相信大家都不陌生，問題出在哪裡呢？就出在「觀念」。

假如你對「尊重」所持的觀念是：如果你真的尊重我，就會凡事先問過我。那只要有人不事先問過你，你就覺得不被尊重。同樣的，如果你的觀念是：如果你真的尊重我，就會配合我。那當有人不配合你，你就會覺得不被尊重，甚至大發脾氣。

不快樂只有一個原因——心裡錯誤的觀念

人與人之間的每一次衝突，都是觀念的衝突。你不是對那個人生氣，而是對那個人違背了你的觀念而生氣。

例如有人拉高嗓門，讓你很生氣。你可能有一個觀念：「如果你尊重我，就不會講話那麼大聲。」所以，「你怎麼可以對我大小聲！」

男友忘了妳的生日，讓妳很不高興，妳可能有一個觀念：「如果你重視我，就會記得我的生日。」所以，「你太不重視我了！」

換句話說，讓我們痛苦的不是別人的言行，而是自己的觀念。每次生氣都為了某些觀念而生氣。如果你認為房子應該收拾整齊清潔，當家人沒依你的標準保持屋子的整潔，你心裡就會不高興；你認為時間寶貴，做事要有效率，那麼當你遇到做事拖拖拉拉的人，就會很受不了；如果你認為愛就該毫無隱瞞，那麼當情人有事瞞著你，你就會發飆。對嗎？

情緒反映出你的觀念是什麼，所以，要找出情緒背後的觀念。**如果你能在這些情緒發生時，把它分解開來，知道哪部分是觀念、哪部分是事實，你就比較容易釋懷，被情緒折磨的頻率也會大大減少。**

任何時候當你覺得痛苦，請回答這個重要的問題：「這個痛苦是事實造成的，還是自己的觀念造成的？是什麼樣的觀念讓我覺得那麼痛苦？」

當你要對某人生氣時，也要記住：你氣的不是那個人，而是氣他違反了你的觀念。所以你不妨自問：「到底哪一個比較重要？是我的觀念，還是我跟那個人的感情？」

心理治療師戴邁樂說得對：「不快樂只有一個原因——心裡錯誤的觀念。那無所不在的觀念讓人習以為常，因此從來不會去質疑它。」

想想，如果你的觀念常讓你不快樂，那是不是該改變一下呢？

南傳佛教大師阿姜查說：

「你們對於事情應該如何、何謂善惡對錯，
總有許多看法與意見。你們執著於自己的看法，
並為此深受痛苦，但它們不過是看法罷了。」

從現在起，請試著不要用「是非對錯」來看待事情，
而是帶著包容的雅量來看待。

忘掉你聽聞過一切「這是對的、那是錯的」的話，
這並不是「是非不分」，而是超越是非，
如此「是非」也就無從生起。

當你不再為自己築起高牆，就能減少對立，重獲自由。

6 發現，新眼光

有對夫妻在過了三十年不愉快的婚姻生活後，發現先生得了癌症。在此之前，這對夫妻經常發生摩擦和衝突，幾乎每一件事都能引起爭論和歧見。他們的感情——套句先生的話——「在多年前便已不見了。」

在確認先生罹癌之後，奇怪的事情發生了。他們兩人的態度突然一百八十度轉變，多年來壓抑的怒氣消失了，歧見也不見，似已毫無意義，他們對彼此的關愛又神奇地重現。

這是怎麼回事？這對夫妻所經歷的奇蹟，一般稱之為「心的改變」。當我們用一種新的視野去看事物，認知和經驗也隨之改變。

舉個例子，如果你走進一家高級餐廳，卻發現這家餐廳的服務奇差。不但上菜太慢，服務生更粗心大意，一不小心還把你的茶水打翻。這時你會怎麼做？你會覺得不高興、不舒服，甚至抱怨一番，對嗎？

好，現在，讓我們把劇情稍微調整一下。如果當你坐定後，有人先告訴你：「這個服務生剛發現先生有外遇，家裡的孩子又生病住院。」你還會像先前那樣，對她的表現生氣嗎？

外在的事物並未改變，然而一旦改變內在的想法，你的感受和體驗就完全不同。

電影《屋頂上的提琴手》中，代表猶太傳統價值的父親渴望女兒嫁個有錢人，可女兒偏偏鍾情於一位裁縫師。他的夢想破滅了，氣憤之餘，他站在院落中靜思，忽然想通了：「裁縫師有什麼不對？貧窮有何罪過？」他豁然開朗，女兒還是女兒，女婿就是老實勤奮的裁縫師，生命裡多了個親人，有個當裁縫師的女婿。

不同的想法，反應也截然不同

在醫院，我觀察過許多面對家人病故的人。有些人會因家人受盡折磨而無法釋懷，也有人因家人得以解脫而感到釋懷。

面對子女夭折，某個家庭可能認為孩子夭折是天倫慘劇，怨天不仁；另一個家庭雖然傷心難過，卻視孩子為上天恩賜，常想著孩子帶給他們的歡樂和領悟。不同的想法，反應也截然不同。

有位老醫師一生救人無數，卻救不了自己的愛妻。自從愛妻在兩年前過世後，他就陷入深深的絕望，無法自拔。他一再悲問：「老天何其殘忍，為什麼要奪走我的妻子？」失去愛妻的他，覺得人生不再有任何意義。

有一天，他沮喪地去請教意義治療學家佛蘭克（Victor Frank）。

佛蘭克在了解他的情況後，問了他一個問題：「先生，讓我假設一下，如果今天不是你夫人先死，而是你先死的話，情形又會如何？」

醫師想一想，說：「我們感情很好，她一定比我更悲痛。她恐怕無法承受這種打擊。」

「是啊，她將很難承受。」佛蘭克說：「然而現在她並不用承受打擊，使她免於受苦的人正是你。如果她知道的話，一定也會希望你快樂起來，為她好好活下去，不是嗎？」

老醫師覺得很有道理。人生自古誰無死？不是妻子先他而去就是他先妻子而去，他應該感謝老天，讓他晚一步走，能替愛妻承擔生離死別的痛苦。於是他會心一笑，釋懷了他的悲痛，同時賦予生命新的意義。

是的，再怎麼低潮，都不要忘了心的自由。

事件從來不會產生任何痛苦，是你的想法讓自己痛苦。
所以，你可以改變想法。
比方說，你可以把被人欺負或被倒債想成是前輩子欠他的；
把拉肚子想成是排毒、淨化身體；
把被人責罵想成是對方非常看重你；
把可恨的人想成是可憐的人；
把親人離去想成出國旅遊或定居。
改變想法，感覺是不是好多了呢？

7 你選擇留意什麼，就會發現什麼

有個心理學家喜歡測試人們的觀察力。

有天他在家中宴客，他把一位女士的眼睛用手帕蒙住，然後要她描述牆上的畫、屋裡的燈、餐桌食盤上的裝飾等等。

結果她一件也描述不出來。可是再問她，不久前才進來的女賓客身上有什麼裝飾時，她卻能立即說出那位女賓客穿的衣服、鞋子、皮帶、項圈和耳環，連最小的細節都一絲不漏。

人的視野就像相機的鏡頭，當你對著某樣東西時，它便是焦點，其他東西都會變得模糊，甚至看不見。

你在餐廳和朋友聊天，如果朋友是你注意的焦點，那周遭其他事物，像是別人的交談、音樂、杯盤的碰撞聲、來往車輛的嘈雜……等，都會變得模糊。如果你注意的是音樂，那朋友和其他聲音就會變得模糊，甚至消失不見。

心靈作家狄巴克・喬布拉說：「每個人都活在多重實相裡。我們可以選擇要把自己的注意力放在哪裡。無論放在何處，注意力一旦轉移，新的現實隨之出現。」你選擇留意什麼，就會發現什麼。

要知道你有另一個選擇

下過雨後，你出門散步。你留意每一個腳步，深怕泥濘弄髒鞋子。你忍不住抱怨，討厭下雨天，但你若能抬起頭來，就會發現樹葉變得脆綠，雨過初晴的天空真美。

每天早晨醒來，我們都有權利去選擇自己要過什麼樣的日子。

今天，你可能因為必須上課而倦怠，也可以因為學到更多知識而雀躍；你可能因工作而嘀咕，也可以因擁有工作而歡喜。

今天，你可能因為沒有好身材而難過，也可以因為擁有健康的身體而感激；你可能悲嘆父母沒給你所有的一切，也可以振奮自己能創造想要的一切。

今天，你可能為了摔倒擦破皮而哭泣，也可以因為不是摔斷腿而感恩；你可能為看錯人而沮喪，也可以慶幸自己看清了那個人。

今天，你可能因下雨而感嘆，也可以為被澆灌的草地而欣喜；你可能為玫瑰有刺而抱怨，也可以反過來讚賞刺上面有玫瑰。

你的生活品質是由你注意的焦點決定的。**假如你發現自己周遭盡是些不愉快的事，要知道你還有另一個選擇——照出什麼樣的風景，全看你如何取景。**

我們喜歡沉浸在最棒的回憶裡，為什麼不這麼做呢？畢竟我們的相簿裡放的都是生日歡聚和美好假期的照片，而不是屋子凌亂或生病住院的照片，對嗎？

對待生活就像為自己拍照一樣，要從最好的角度來拍。多留意美好的事物，你就會發現世界原來這麼美好。

學習去注意美好的事。

有個很好的方法，

就是每天在睡前寫下「今天有什麼愉快的事發生」。

以下清單，供大家參考：

- 今天天氣很晴朗，還有清涼的微風，感覺好舒服。
- 去買東西的時候，剛好有停車位，
  而且不收停車費，運氣真好。
- 小孩的氣喘已經好多了，放心不少。
- 同事稱讚我的髮型很好看，讓我更有自信。

只要你持續進行三個星期，

你將開始注意生命中美好的部分，

你會變得更樂觀，生活品質也會更好。

Part 2
生活已經夠累，何苦為難自己

人們總是說想脫離痛苦，但我不認為他們真的想脫離。
因為若不是他們緊抓著不放，痛苦又怎會一直存在？
你不想讓某人好過，
但當你想讓他「難過」的時候，你自己有「好過」嗎？

8 心上人

當你心裡一直惦念著某個人，就表示你戀愛了。

不過假如你腦海裡不停想著你討厭的人，這又代表什麼呢？

難道你跟那個人在談戀愛嗎？

我們常說：「不要恨任何人！」你知道為什麼說不要恨任何人嗎？**因為愛和恨本質上是相同的。當你恨一個人的時候，那個人就占有和掌控你的心。**

每次你想起他有多討厭時，他就掌控了你的念頭；

每當你跟朋友抱怨這個人時，他就掌控了你的交談；

每次你聽到他的名字或與他相關的事情，他就掌控了你的心情；
當你改變計畫以避開他時，他甚至掌控了你的行動。

恨的關係比愛的關係更親密

有個老師要學生做小組作業，十二個人一組。其中有位學生請求老師讓他換組，老師問：「為什麼？」

這學生說：「因為我很討厭其中一個人。」

老師雖然讓他換了，卻問他：「其他組員你也討厭嗎？」

學生說：「不會啊，都滿喜歡的。」

老師問：「那這個人在你生命中重不重要？」

那學生答：「重要個鬼啦！討厭死他了！」

老師說：「但十個好朋友留不住你，你卻為了他一個人離開。你說，這個人重不重要？」

那就是為什麼耶穌說：「要愛你的敵人。」你能夠放過你的敵人，才能擺脫他們，否則他們會繼續掌控你。

恨的關係比愛的關係更親密。當你恨一個人，他就會如影隨形，與你常相左右；如果你一直把對方放在心上，那個人就成了你的「心上人」，不是嗎？

小王失戀後，整天茶不思飯不想，長吁短嘆，大家都不知如何勸他才好。

生性達觀的小李對小王說：「別再嘆氣了！難道失戀的滋味那麼好，值得你不吃不喝地慢慢品味？」

所以，當你不愛某個人就別恨他，就像你很討厭喝某種飲料，你會一再點來喝嗎？

有句話說得好：

「你無法阻止鳥兒飛過你的頭頂，

但你可以不讓鳥兒在你頭上築巢。」

活在世上總有人會傷害你，但你不能傷害自己。

不管你怨恨的是誰，在你怨恨時，

你等於不斷在記憶中反芻舊傷痛，讓自己心神不寧。

這不是讓別人在你頭上築巢嗎？

9 誰傷你比較多？

一位同事搭高鐵上班，下車時，腳被踩了一下，沒想到肇事者看都不看一眼就走掉，直到中午用餐，他還憤憤不平：「一想到就氣，怎麼有人那麼粗魯，沒水準！」其實他被踩的疼痛沒幾分鐘就消失了，但他好幾個小時後卻還生氣。現在，這傷痛的感覺是誰造成的？

是他自己，對嗎？

有時候，我懷疑人是不是真的想放下痛苦。人們緊抓著他們的憤怒不放、緊抓著他們的抱怨不放、緊抓著傷害他們的人不放……

比起快樂，我們更珍惜不愉快的事

有位先生拖著疲累的身子回到家，發現老婆不在，門上了鎖，進不去，非常憤怒、懊惱，但也只能坐在樓梯臺階上枯等老婆回來。

這一等就是一個半小時，老婆不知跑到哪裡去，一直不見蹤影，先生越想越火大！鄰居見狀，就邀請這位先生到家裡泡茶聊天，但這位先生硬是不肯去，他說：「不行！如果我到你家泡茶聊天，我這氣就消了。我一定要坐在樓梯等，等她回來狠狠地臭罵一頓！」

就像鬥牛犬般，人們緊抓著生活中的負面事情不放。早餐時的一句氣話糾纏你一整天，一想起來就一肚子火，到了晚上火氣還在。比起想得到的快樂，人們顯然更珍惜那些不愉快的事。

有位女士告訴我，她一想到先生過去對她做的事、想到他對她的傷害，就覺得有氣。

我問她：「現在他有這樣對妳嗎？」

「沒有。」

「那妳的傷害現在在哪裡呢？」我直接說：「是在妳心裡。是妳自己一再去想，對嗎？」

每當痛苦時，我們總責怪他人帶給我們痛苦。其實，我們才應該為自己的痛苦負責。想想看，**每當你覺得受到傷害時，你在心裡重播那情景多少次？究竟是誰傷你比較多？是對方（過去傷害過你），還是你（一次又一次地在心裡傷害自己）**？是對方的行為，還是你對他行為的批評，造成你的感受？

人們總是說想脫離痛苦，但我不認為他們真的想脫離。因為若不是他們緊抓著不放，痛苦又怎會一直存在？

為什麼傷痛要花很長的時間療癒？

皮肉傷過幾天就會好，骨折幾週也會恢復，

但撫平被傷害的心卻可能要花一生？

因為我們不斷地把傷口掀開，又怎麼會癒合？

10 讓人難過，你也沒好過

放下是很困難的，尤其要放下對人的怨恨更難，因為人們相信一旦放下就等於饒恕對方，就等於赦免傷害的行為，這怎麼可以？「我不會那麼便宜他，我要讓對方吃足苦頭、飽受折磨，讓他付出慘痛的代價！」

心繫仇恨的人很少靜下來思考：如果你心懷怨恨，真正受苦的人只有自己。因為在你怨恨任何人之前，必須先在內心製造恨的毒素。唯有充滿怨恨，你才能去恨。在你傷害別人之前，你必然先傷害自己。

「以眼還眼」的結果是大家都瞎了

有個小男孩在學校受到欺負，進門後使勁跺腳。他的父親正在整理院子，看到兒子生氣的樣子就把他叫過去，想和他聊聊。

兒子不情願地走到父親身邊，氣呼呼地說：「爸爸，我很氣坐我旁邊的那個同學。」

父親一面工作，一面靜靜聽兒子訴說。兒子說：「他讓我在其他同學面前丟臉，我希望他倒大楣。」

父親走到牆角，找到一袋木炭，對兒子說：「兒子，你把前面掛在繩子上的白襯衫當作那位同學，把這些木炭當作倒楣的事，然後用木炭去丟白襯衫，每砸中一塊，就代表那位同學遇到一件倒楣的事。我們看看你把木炭丟完之後，會怎麼樣。」

兒子覺得這遊戲很好玩，於是拿起木炭往襯衫上丟。可是襯衫掛得比較遠，他把整袋木炭丟完了，卻沒幾塊碰到襯衫。

父親問兒子：「你現在覺得怎麼樣？」

兒子說：「累死我了，但我很開心，因為我扔中了好幾塊木炭，白襯衫上有幾個黑印子。」

父親知道兒子沒明白他的用意，便要他去照照鏡子。兒子一照鏡子，發現自己滿身都是黑炭，嚇了一跳，原來自己更髒。這時父親拍拍他的肩膀說：「孩子，**永遠不要忘記，『報復』就像你扔出的木炭，永遠傷害別人少，汙染自己多。**」

著名黑人人權領袖馬丁・路德・金恩說：「『以眼還眼』的結果是大家都瞎了。」

他說得對，你不想讓某人好過，但當你讓他「難過」的時候，自己有好過嗎？你抓一把垃圾丟別人，先弄髒的人又是誰？是你自己，對嗎？

你原諒誰跟別人無關，而是跟你自己有關。
如果你懂得愛自己，就不會為了一個不愛你的人傷害自己；
如果你懂得愛自己，就不會為了恨那個人侮蔑自己的靈魂；
如果你懂得愛自己，就不該繼續浪費你的生命。
多一分鐘去想對不起你的人，便少一分鐘去做更有價值的事。

11 不甘心，不放手

有人問懷嶽禪師：「我要如何讓自己解脫？」

禪師說：「誰抓住了你？」

那人又問：「那我為什麼無法解脫？」

禪師反問：「這是誰的錯？」

這的確是個好問題。當你被痛苦糾纏、無法解脫時，你想過嗎？到底是誰把你抓住了？

會痛苦的，就是要你別放在心上

在印度熱帶叢林裡，人們常用一種方法捕捉猴子：在一個釘死的小木盒裡裝猴子愛吃的甜果，盒上開一個小口，大小只夠猴子把手伸進去。猴子一旦抓住甜果，手就抽不出來了。這種方法是利用猴子的一種習性：不肯放下握在手中的東西。

你也許會笑猴子傻，但你是否也是這樣：投資虧損，不甘認賠出場；情緣已盡，不甘分離；想轉系、想換工作，卻不甘投下的時間和金錢全浪費掉……。這不就像那些猴子嗎？

想得到「甜頭」卻吃足了「苦頭」。

有一則蘇菲教的故事正好可以傳達我的意思。某天，那茲魯丁（Nazrudin）派他的弟子去市場買一袋辣椒。弟子照他的話買了辣椒回來後，他馬上吃了起來，一個接一個，不久他的臉就變紅了，鼻水、眼淚也流了出來。弟子問他說：「老師，您的臉變紅了，鼻水、眼淚也流了下來，好像快噎住了，為什麼還不停地吃呢？」那茲魯丁回答他說：「我在找甜的辣椒。」

缺乏覺知就是將痛苦看成快樂。如果你感到痛苦，表示你太執著於抓住錯誤的東西。

所以，如果你失戀卻期待和對方復合，請你好好思考，這段感情真的是你要的嗎？或者你只是不甘心而已？

如果你想投資獲利、想轉換人生跑道，也請你想想，如果不先放下手中的，又怎能抓住其他的呢？

沙漠裡總有綠洲，汪洋中總會出現美麗島嶼，你永遠不知道前方有什麼在等待著你，放手向前吧！

抉擇，其實就是放棄我們原先的，換取更想要的。
說得更明白一點，
我們必須先放棄「不喜歡的」，
才能擁有「喜愛的」；
必須先放棄「沒希望」的生活，
才能擁有自己「所期待」的生活。

12 回頭的你，已不是當初的你

我聽許許多多人說過：「早知當初……」人生一路行來，我們不停在後悔：如果當初跟追我的男人結婚、如果我沒離開那家公司、如果我沒生小孩、如果我從前好好學琴、如果我……

說這些是沒意義的。只要你選擇了一條路，就永遠無法確定選另一條路的結果，因為你沒走過，又何以認定選另一條路會更好？

有位叱吒商場的企業家陪他父親到一家高級餐廳用餐，現場有位琴藝不凡的小提琴手正在為大家演奏。

企業家在聆聽之餘，想起當年自己也曾學過琴，而且幾乎為之瘋狂，便對父親說：「如果我從前好好學琴的話，也許現在在上面演奏的就是我。」

「是呀，孩子。」父親回答：「不過那樣的話，你就不會在這裡用餐了。」

事實上，我們根本無法回到從前，因為那時的你還沒有經歷現在的一切。現在的你即使回到從前，也和過去不同了。回頭的路，已不是原來的路；回頭的你，已不是當初的你。所以，不論過去曾經做過什麼選擇，都毋須後悔。畢竟人生的變數太多，誰料得到。道路不一樣，景色當然不同。

人生不可能「早知道」

幾天前我讀到一則文章：有個著名的心理學教授，受邀到一間大學演講。演講一開始，他就對臺下的同學說：「根據我的估算，心理疾病大約有一百種不同的類型、一千種治療藥物，相關的研究書籍則多達一萬種！但我透過臨床研究發現，疾病其實沒那麼複雜，只要三個字就說完了。你們猜猜看是哪三個字？」

臺下的同學們聽了，都竊竊私語起來。

最後，精神科教授宣布答案：「這三個字就是『早知道』！

「在我開設的憂鬱症門診中，最常聽到的話就是：『早知道』我當初就用功一點，考上理想的大學；『早知道』我就減少工作的時間，多關心家人；『早知道』我那天就不要讓兒子出門，那他就不會發生車禍……」

但很可惜的是，沒有人可以預知未來，所以人生不可能「早知道」，然而「早知道」這三個字，卻可以輕易地把人逼瘋！

人們老愛說「早知當初」，但如果當初知道要「這麼做」，你就不會「那麼做」。你之所以知道自己錯了，就是因為那個經驗帶給你的領悟，不是嗎？

發現過去的錯誤代表你會自我認識與反省，
表示你已經知道什麼是錯的。
即使在錯的道路上也有值得一看的風景，
只要這樣想，一切都將成為美好的經驗。
引述英國詩人雪萊的話：
「如果錯誤能讓你學到經驗，
那麼你就毋須為錯誤感到後悔。」

13 看吧，我不知道

「我不知道。」口裡冒出這四個字，對醫生來說實在是很洩氣的事。我應該要知道，其實我也想知道，但我還是說出這四個字。

有個病人因車禍被送進醫院。他媽媽問：「我兒子已經昏迷了三個月，他還會醒來嗎？」

另一個病人兩週前做了脊椎手術。他問：「我傷口旁邊為什麼會酸痛？」

還有一位朋友的太太腹痛到醫院就診。「腸胃科、婦科、一般外科我都看過了，為什麼找不出病因？」

面對這些問題，老實說：「我也不知道。」就像沒有一個氣象學家能完全準確地預測颱風，因為每個颱風都不一樣。雖然颱風的行進有規則可循，但環境中無法控制、意外的變因很多。

我動過數以千計的手術，同樣也沒有一次手術是完全一模一樣的。每個人的內臟型態與部位並不像解剖圖、或外科手術手冊上寫的那樣「按牌理出牌」，甚至有些人因為先天變異，有時會在不該出現的地方找到某些內臟和組織；也可能會在油膩的脂肪組織中意外出現不按指定路線改道的血管和神經，還有些病變因病人的變化或合併症，導致必須大幅更換整個手術的計畫……。這些在手術之前都很難預料得到。

生命一直在提醒我們一件事，就是我們不知道。

天底下沒有確定的事，這是我唯一肯定的事

你知道自己為什麼來到這個世界嗎？為什麼你會出生在這個家庭、有這樣的父母、長相和命運？

「不知道。」大部分人都會這麼回答。也許你不喜歡你現在的工作，或不滿意你的婚姻，但你當初卻選擇了這份工作和感情，為什麼？不知道。或許當時你不知道還有其他選擇。

你是否曾在心裡幻想，如果當時你是和春嬌或志明，或其他人在一起，會是什麼情況？但你真的確定嗎？你能很肯定地知道什麼選擇才是最好的嗎？

不，你不可能知道。也許很幸運的，人生以你喜歡的方式發展：考上喜歡的學校、找到好的工作、順利跟情人結婚、第一個孩子平安誕生、你與客

戶關係良好、買的股票上漲、你計畫週末到阿里山看日出……。

但你能保證事情不會變卦嗎？從喜歡的學校畢業就能找到工作嗎？現在事業平順，以後就會飛黃騰達嗎？現在兩人甜甜蜜蜜，就能白頭偕老嗎？今天股票上漲，明天會不會突然下跌？這些都是無法掌控的。

電影《美夢成真》描述一位極愛孩子的母親，某日因工作繁忙而讓管家送兩個孩子去上學，不料途中發生重大車禍。失去孩子的她，從此活在懊悔的執念中（如果那天是她開車的話，就不會發生這種事）。

事情真如她所想的那樣嗎？沒有人知道。

有位猶太教士住在一個俄國的小鎮上，他思索最艱深的宗教和心靈問題長達二十年之久，終於得到一項結論：我不知道！

某天早上，他穿過村中廣場到會堂去禱告，正巧遇到小鎮警長。警長那天心情不好，便找他出氣，對他喊道：「喂，教士，你要到哪裡去？」

教士回答說：「我不知道。」

警長一聽，火氣更旺了，暴喝道：「什麼叫你不知道？每天早晨十一點，你都會去會堂禱告。現在正好十一點，你又朝會堂的方向走，竟然說不知道自己要去哪？你想愚弄我嗎？我要給你一個教訓。」

於是警長揪著教士的衣領，把他抓進鎮上的看守所。當他正要把教士扔進牢房裡時，教士回頭對他說：「看吧，我不知道。」

《美麗境界》編劇艾奇瓦・高茲曼說：

「天底下沒有確定的事，這是我唯一肯定的事。」

生命是不確定的。

有的事我們稱作不幸，有的事我們稱作幸運，

但到底是幸或不幸，其實我們都不知道。

你也許認為某件事是好事，

然而你並不知道接下來會如何發展；

某件事讓你覺得挫折沮喪，但你也不知道最終會如何變化。

就像哥德提醒我們的：

「有時我們的命運宛如越冬的果樹，

誰想到乾枯的枝椏還能轉綠，並綻放花朵？」

誰知道。

14 所以別擔憂

在生活中，麻煩事總是有的，但煩惱卻是不必要的，因為一點幫助都沒有。藉著你的焦慮、緊張和不安，你能獲得什麼嗎？

猶太有句諺語：「只有一種憂慮是正確的：為憂慮太多而憂慮。」說得一點也沒錯。因為你所憂慮的事情可能會發生，也可能不會發生。不論你憂不憂慮，都只有這兩種結果。

這是很簡單的事實，你的憂慮並不會造成任何的影響或改變。一旦情況如同你所憂慮的一樣發生了，那麼憂慮只會減低你應變的能力。

煩惱就像錢還沒借到就先付利息

有個小和尚，每天早上負責清掃寺廟院子裡的落葉。

在冷颼颼的清晨起床掃落葉實在是一件苦差事，尤其在秋冬之際，每颳起一陣風，就會掃落新的樹葉。

每天早上都要花許多時間才能清掃完落葉，這讓小和尚頭痛不已。他一直想找個好辦法讓自己輕鬆些，後來有個和尚跟他說：「你在打掃之前先用力搖樹，把落葉統統搖下來，隔天就不用辛苦掃落葉了。」

小和尚覺得這真是個好辦法，於是隔天他起了個大早，使勁猛搖樹，以為這樣就可以把今天跟明天的落葉一次掃乾淨。小和尚一整天都非常開心。

第二天，小和尚到院子一看，不禁傻眼。院子裡如往日一樣落葉滿地。

老和尚走了過來，意味深長地對小和尚說：「傻孩子，無論你今天怎麼用力搖樹，明天的落葉還是會飄下來啊！」

小和尚終於明白，世上有很多事是無法提前的，唯有認真活在當下，才是最真實的人生態度。

想想看，你是不是也跟小和尚一樣**預支煩惱，就像錢還沒借到就先付利息，多傻啊！**

記得人聲藝術家巴比・麥克菲林（Bobby McFerrin）唱過一首歌，歌詞是：「人生不如意事十之八九，如果因此而煩憂，只會使事情變得更糟，所以別擔憂，開心一點（Don't Worry, Be Happy!）。」

沒錯，生活總有下雨的時候，即使如此，你也不必在豔陽高照時打起雨傘。

你常煩惱什麼？疾病嗎？去看醫生，讓他來煩這個心！
擔心上班遲到嗎？那就早點出發，擔心並不會讓你早到！
擔心比賽失常嗎？如果繼續擔心，你就已經失常了！
你擔心未來嗎？未來從未來過，
因為來臨的總是今天，你只要把今天過好就好。
怕世界末日降臨嗎？
別怕！因為世界末日只會來一次，而現在世界末日還沒來，
更重要的是，你我都不會活著記得它的到來。
如果連世界末日都不怕，那你還擔心什麼？

Part 3
事不要求全，人要能看破

一個已經領悟的人，知道人生絕不可能盡如人意，
因為這就是人生。
要擁有美好的生活，並不需要修正什麼，
而是要放下那個念頭，那現在就是美好的。

15 看到雞糞，就忘了雞蛋

不快樂的人有一個共同的特點：他們總是把生活中每件美中不足的事情放在心上。

那家餐廳的座位太擠、隔壁鄰居的聲音太吵、衣服不知如何搭配、身材最近有點走樣、孩子的功課退步、事情這樣不對、那樣不好……，有時候一天做了十件順利的事，卻有一件事搞砸了，就足以破壞整天的心情；一個小疏失，就否定所有的努力。這就是人們很難快樂的原因。

孩子考試得了九十分，父母不但不讚美，反而問：「你哪裡錯了？」如果孩子帶回的成績單通通都是甲，只有一個乙，他們一定先注意那個乙：

「你成績不錯，但為什麼數學只得了乙呢？」

有次我問一位出去旅遊的學生：「這趟旅行中讓你印象最深刻的是什麼？」

他只回了一句：「暈車。」

還有一位先生想重新粉刷客廳，但一直沒空。有天，他太太親手做了，想給他個驚喜。先生回家後走進客廳，起初什麼話都沒說，仔細檢查了一遍後，對太太唯一的評語竟是：「妳漏漆了這個地方。」

拚命去想不滿的事，並不會讓你美滿

有太多人都犯了這種「找問題」、「挑毛病」的錯誤，許多感情破裂的起因都是一些小事，後來怎麼會越來越糟，就是因為如此。

請你想像自己在一間景觀餐廳，有香草花園、水景、露天座位、如夢幻般的擺設，但你卻在這美麗景觀中發現有一堆垃圾。訝異之餘，你拿出相機，對準垃圾拍下「特寫」照片。照片沖洗出來後，你不僅常拿起來看，還把這張特寫照片在親友間傳閱。不久之後，你不但忘了整個餐廳的美，甚至連帶影響周遭人的觀感，以為這張照片就是整個景觀餐廳的全貌。

想想你的朋友或伴侶，起初他們只是陌生人，為什麼現在變成你的朋友或伴侶？一定是有某些你認同和喜歡的地方。但以前的認同現在卻變成否定，以前的喜愛卻被厭煩、憎恨所取代，為什麼？是不是你把對方的缺失用「特寫」拍下，甚至還到處傳閱呢？

再想想你的人生，你最常想到的是那些滿足、喜樂的事？還是那些麻煩和不愉快？

人生就像一間景觀餐廳，你對這間餐廳的感受，不應該為了一些垃圾而蕩然無存。千萬不要只看到雞糞，就把雞蛋給忘掉了。

拚命去想不滿的事，並不會讓你美滿；
拚命指責別人的錯，更不會讓你成為對的人。
想想，當你忙著找缺失時，怎麼可能有多餘時間欣賞呢？
這世界免不了有麻煩存在，就像有壞天氣一樣。
你最好喜歡壞天氣，這樣就不會因為壞天氣而壞了心情。

16 你的心最髒！

接近清晨兩點鐘了，宜芬還在寫她的報告，今天中午得交給教授批閱。這已是第五次修稿了。其實稿子改得夠好了，但她還是覺得不滿意，所以又把原稿撕了，從頭再來。

當然，追求完美並沒有錯，但若因此無法容忍一點小瑕疵，那就過頭了。

有位女孩拒穿純白的衣服，「因為我擔心沾上汙點，」她說：「白色最容易弄髒了，穿著不再潔白無瑕的白衣服，我會覺得身上也沾上了汙點。」

曾有位整型外科醫師告訴我，他發現那些來做整型手術的人，多半不是長得很醜，反而有些長得很漂亮，身材也好，只是覺得自己哪裡不夠完美。

別被完美汙染了

說一則故事：在某寺廟裡有個小和尚，他做事一絲不苟，事事都要求完美。

有天，小和尚告訴住持，他認為佛堂不夠乾淨，自願負責清掃，而住持也答應了。

小和尚非常認真，天還沒亮就開始打掃，用雞毛撢子拂去灰塵、用抹布用力擦拭桌椅和每一塊地板，整理了一會兒，就去洗手擦臉，再繼續打掃。前來參拜的信徒出出入入，小和尚就跟上跟下。信徒鞋子踩髒地板，小和尚立刻擦拭乾淨；有信徒從椅子上起來，又立刻擦拭……

直到深夜，小和尚才告訴師父：「我把佛堂掃乾淨了，請您過來看看吧！」

住持環視佛堂各處時，小和尚得意地在一旁說：「怎麼樣，師父？我掃得很乾淨吧！這可花了我好大功夫呢！」

「是嗎？」住持不以為然地說：「但我看到有個地方很髒！」小和尚聽了非常震驚：「什麼地方髒？這怎麼可能？」

住持伸出手指，指著小和尚的心窩說：「你的心最髒！」

住持接著說：「你嫌佛堂髒、嫌信徒髒，為此浪費了一天時間，心中堆滿了塵埃卻不自知，這還不夠髒嗎？」

事實上，**他在意的細節真的沒那麼嚴重，別人可能覺得沒什麼大不了，他卻受不了，這就是完美主義。**

電影《收播新聞》中荷莉・杭特飾演一位控制欲很強的新聞製作人。有一次上司當面表達對她的不滿，諷刺地說：「做一個永遠不會出錯的人，一定感覺很了不起。」

她說：「錯了，很痛苦。」

這世界本來就沒有十全十美，我們永遠不會到達一個盡善盡美的地方。記住，當下已經是完美的。要擁有美好的生活，並不需要修正什麼，而是要放下那個念頭，那你現在就是美好的。

再美麗的花園中也會有雜草，這就是自然，自然就是美。
當你學會接受不完美，那麼瑕疵也會變成另一種美。
一個真正完美的人不應該總是找問題、挑毛病，
如果你真的很完美，就應該看事情美好的一面，
而不是壞的一面。

17 擦掉心中那條線

人最麻煩的問題，就是將事物劃分為二。當你劃分出「應該」，也就產生了「不應該」；當你定出「善良」，也就產生了「邪惡」；當你說這是「好的」，也就產生了「不好的」。一旦我們心中劃出那條線，對立就產生了。

「二元對立」就是在心理上排斥我們認為是「惡」的人事物。好比我們認為某個人是「惡」的，就會討厭、排斥。不過，「惡」並不是因為它們的本然就是「惡」，而是我們以「標籤思維」貼上去的。

有一則發人深省的故事：在某個夏日清晨，有個穆罕默德的跟隨者跟他到一座回教寺院做晨間祈禱，這個人是第一次參加祈禱會。在他們做完祈禱、回家的途中，那個追隨者看到還有許多人在屋子裡睡覺，於是很得意地告訴穆罕默德：「這些罪人將會怎麼樣呢？他們沒有去做晨間祈禱。」

穆罕默德聽了他的話，告訴他：「你先回去，我想再回寺院去。」

那個人問：「為什麼？」

他回答說：「我想回去再做祈禱，至於你，還是先回去吧！你最好回去睡覺，就跟你沒來之前一樣，這樣的話，至少別人不會成為罪人。顯然，你的祈禱只讓你學會譴責別人。」

對別人的譴責正是內心狹隘的表現

當我們把人貼上「負面標籤」，就變成了批判。一個人沒辦法視而不見，但卻有辦法不批判。因為你所批判的，即是你無法包容的。換句話說，

是你心胸不夠開闊，對別人的譴責正是內心狹隘的表現。

我認識一位很有「修養」的先生，但他的修養卻帶給妻子很大的困擾，因為他什麼都要管：該讀什麼書、看什麼節目、吃什麼食物、幾點起床，甚至連講電話也在一旁叮嚀，但這是「修養」嗎？

真正有修養的人是慈善的，能包容所有。有些人也許讀了上百次「慈悲」的訓示，但對人還是很嚴苛，那又有什麼用？

佛教有句古老的諺語，意思是：「別讓那些想開悟的人做一大堆功課，只要給他們一個就好。」哪一個呢？「慈悲心。」

慈悲即是接受別人的弱點、短處，不期待他們的行為完美無缺，否則自然會落入你的批判中，如此你已經殘害到他們、傷害他們的自尊，這又怎能算慈悲？

慈悲的基本原則是尊重每個人，讓每個人了解發生在別人身上的事也可能發生在自己身上；沒有人希望自己犯錯，也沒有人是不會犯錯的。除非你去包容，否則永遠無法學會慈悲。

這世上的每個人都與我們一樣想要快樂。慈是帶給人快樂，悲是解除人的痛苦，這並不是哲理，而是要去了解自己的內心，你必須「擦掉心中那條線」。唯有如此，你才能做到真正的慈悲。

老子說：「當人知道美才是美時，好美的心念就產生了，
那麼就會有厭惡醜的心念。當人知道善才是善時，
好善的心念就產生了，那麼就會有厭惡的心念。
當一個人有這種心念時，那麼美就不美了，善也不是善了。」
這就是為什麼那些試圖成為完美的人，
他們會注意到瑕疵；那些努力變成道德的人，會注意罪惡。
原因就在這裡。一旦人有分別心，問題就產生了。

18 是誰有問題？

有人就有問題。

只要「有人」在的地方，就有各種問題。當沒有人時，是誰有問題呢？

如果天空忽然下起一場雨把你淋濕，你不會生氣，但如果你發現這水是樓上的人潑下來的，你就會不高興，甚至破口大罵，為什麼？這一切都是因為「有人」。如果沒有「人為」因素，你一定不會那麼生氣，對嗎？

如果你不在樹林裡，一棵樹倒了就是倒了，你不會在意，因為它並沒有壓在任何人身上。但如果你正好路過，被樹壓到，你就會怨嘆：「為什麼是我？」、「為什麼我會那麼倒楣？」

但那棵樹是衝著你來的嗎？

當然不是，樹會倒下就是會倒下，就像颱風會吹倒樹木、拉倒電線、摧毀房屋；豪雨會給人們帶來水患、土石流，甚至破壞家園、傷害人們一樣，這本來就是大自然的現象。然而站在你的立場，你卻希望颱風就算把別人毀了，也不要損毀你，這才是問題所在。

所有問題就是這麼來的。**當你不接受或抗拒某件事時，這件事就會變成問題。**鄰居停車擋在你家門口，你要是不在意就算了，但如果你氣沖沖地責罵對方，你們之間就會出問題。

也許你才是那個「有問題的人」

有個故事，說的是一對師徒走在路上，徒弟發現前方有塊大石頭，他皺起眉頭停在石頭前面，師父問他：「為什麼不走了？」徒弟說：「這塊石頭擋住我的路，我走不過去。」

師父說：「路這麼寬，你怎麼不繞過去呢？」

徒弟回答：「不，我不想繞，我就想從這石頭中間穿過去！」

師父說：「有可能做到嗎？」

「我知道很難，但我就是要穿過去，我就是要打倒這塊大石頭，我要戰勝它！」徒弟苦著臉說：「如果連一塊石頭都不能戰勝，那我算什麼！」

師父說：「這兩者壓根就不是一回事，你太執著了。」

如果有一塊石頭擋住你的去路，你只要繞過去就好，如果你跟石頭對抗，石頭就會擋住你的去路；你想做某件事，有人阻礙了你或找你麻煩，你不理會就好，但你卻說：「就這樣算了，那我算什麼。」那就沒完沒了。

路上有隻狗對你狂吠，你說牠對你吠，但牠是在吠你嗎？不，牠才不管你是警察或小偷、好人或壞人，牠逢人便吠，而你只是正巧經過而已。就像有些人喜歡口出惡言，你只當是「狗吠火車」就好，如果你跟他鬥，「他的」問題就會變成「你的」問題，不是嗎？

外面車聲很大，而你在上課，你說：「為什麼車聲那麼吵？教室的隔音太差了，這麼吵要怎麼上課？」但有些同學不受到影響，也就沒有大礙。

這世界上並沒有什麼問題，只有形形色色的人、雞鳴狗吠的事，還有各種無常的變化，如天災人禍……，這都是自然的。你會覺得不對，是因為你帶著錯誤的想法。**如果你以一種對立的態度看事情，當然會覺得所有的問題都衝著你來，周遭的人事物似乎都在找你麻煩。但如果你不以為意，一概欣然接受，那麼所有問題就消失不見。**

一個已經領悟的人知道人生絕不可能盡如人意，因為這就是人生。如果我們總期待生活完美無缺、希望所有麻煩消失不見，那才是問題的根源。

你有很多問題嗎？也許你才是那個「有問題的人」。

某件事是不是問題，完全取決於你怎麼看。

如果你花時間要使事物符合預期，那麼只要不合你意，
就會變成問題；但若坦然接受任何當下發生的事，
並且願意融入其中，就沒有任何問題。

有人說，聰明的人懂得如何擺脫問題，
而有智慧的人懂得不去捲入問題。

你要做一個有智慧的人，何不從基本的地方下手？

19 這就是人生

人之所以問題層出不窮，是因為我們誤解了人生；是錯誤的人生觀愚弄了我們。我們以為人生應該凡事順遂，沒有挫折、困難、意外，才叫「正常」，其他都算倒楣或不正常。

我們已預設人生之路，而且預期一路風平浪靜。我們相信每個人都該有父母疼愛、在呵護中平安成長。長大後，我們會遇到喜歡的人，然後成家立業、養兒育女。到了年老和家人一起看舊照片，最後在睡眠中安詳辭世。

我們相信人生理應如此。但萬一我們父母離異、親密關係曲終人散，或是年紀輕輕就罹患癌症、親人死於意外呢？

「怎麼可能？不久前還好好的，怎麼突然就走了？」

「他還那麼年輕，怎麼會得到這種病？」

「我對他那麼好，他怎麼可以這樣對我？」

如果你對人生該是什麼樣子有特定的想法，那你就會痛苦。

嚴格來說，所有你認為「人生應該怎樣的」都注定要失敗，因為它們全受到「生命無常」的定律所制約。氣候無常、名利無常、權位無常、悲歡無常、生死無常，一切都不停在改變。

不論我們擁有的是金錢或名位，它們總會來來去去；不論我們多麼期盼與心愛的人天長地久，但任何關係的本質都是相聚與別離，這就是遊戲規則。這人間的遊戲，我們只能參加，無法改變規則。我們唯一能做的，就是好好玩完這場遊戲，不要有任何遺憾。

英國著名的詩人威廉・布雷克說：「人生有喜有悲，一旦我們能體認這一點，就能無災無難過一生。」

越是接受生命的不圓滿，悲苦便越轉向圓滿

沒有永遠的春天，也沒有永遠的冬天，不要企圖停留在某個處境裡。冬天既已來到，夏天自然無容身之處。與事實相爭，毫無益處。如果你沒看破這一點，你將繼續受苦；如果你看破這一點，你就走向覺悟。

佛法常被稱為受苦的哲學，這看似消極悲觀的哲學卻能幫人「離苦得樂」。其中的奧祕在哪裡？奧祕就在從一開始就承認世界是不圓滿的，既然如此，那不論有什麼缺憾，都不會感到痛苦，因為它本來就不圓滿。

越是接受生命的不圓滿，悲苦便越轉向圓滿，因為所有痛苦的起因已經消失，悲苦也就無從生起。

你嘗試過很多次去抗拒事實、抗拒災難、抗拒痛苦，抗拒這個、抗拒那個，但除了痛苦之外，有任何改變嗎？現在試試看不要做任何事，不管事

情怎麼樣，就接受它本來的樣子。順著生命之河，河流怎麼流，就隨著它流動，人生就會開始改變。

不再預期，你便能從阻力最小之路度過你的人生。你不會認為那條河非得要沿著某條河道流不可，反倒會允許河流曲折前進，或流入另一條支流，創造嶄新的小溪。

當你不再對抗，事情遲早會自己安頓下來，你不需要去安頓它們，你只要安頓你自己。一旦你和諧平靜，整個世界都會和諧平靜，這就是生命之道。

人會受苦，全因為我們希望某些事發生，
而某些事不要發生。
受苦意味著不接受事實，你拒絕接受自己的經驗和處境，
這樣又怎麼能和諧平靜？有時你的經驗確實很痛苦，
但這就是你的人生經歷啊！如果你不想要它，
你就不可能成熟和豐富。
所謂人間修行，
就是要學習以最優雅的方式
來接納生命的悲歡離合、酸甜苦辣。

20 我們無法掌控我們無法掌控的事

每次上課我總喜歡問學生：「有多少人會耗費時間去改變身邊的人？也許是你的家人、你的敵人，或是你的室友或男女朋友？」幾乎每個人都不約而同地把手舉起來。

但當我問道：「有多少人被改變了？」很快的，舉起的手又不約而同地放下。

沒錯，我們可以給人建議，但我們無法改變別人，也無法決定別人的想法。

我常聽學生說被別人傷害或惹火的事，也就是各種「無法掌控」的版本：「某人做了什麼事，使我氣惱」、「他說話不算話，我才會那麼氣」、「我覺得很受傷，沒想到他會這麼說我」……

但別人要怎麼說、怎麼做是你能掌控的嗎？

不，我們無法掌控我們無法掌控的事。

換句話說，你會痛苦，是因為你將快樂建築在自己無法控制的事物上。世界上的事可分成兩種，一種是我們能掌控的，一種是不能掌控的。

什麼是我們不能掌控的？

一個是由大自然和大環境所主宰的事，如天氣變化、股票起落、生老病死等，這顯然都不是我們能掌控的。

另一個是別人的責任。大多數人都努力讓別人快樂，喜歡人際和諧，但有人就是脾氣不好、吹毛求疵，我們無法讓這樣的人永遠保持愉悅；這也不是我們能掌控的。

哪些又是我們能掌控的呢？

就是自己，這是唯一我們能控制和必須負責的。

「我還能做些什麼？」

我寫了不少書，當然希望書本能暢銷，但我不會執著。原因在於，寫作是我能控制的，但出版和銷售不是我能掌控的；我只能為我的作品負責。

再如，我們都希望得到別人的愛、肯定與了解。問題是，別人是否愛你、重視和了解你，也不是我們可以掌控的。

別人對你的態度不是你能掌控，但你可以自己做主，決定怎麼看待這件事情。你可以負責你的態度，或生氣、火冒三丈，或冷靜、淡然處之，選擇權在你手上。

所以不要說：「某人做了什麼事，使我氣惱。」、「他說話不算話，我才會那麼氣。」應該說：「我選擇了生氣。」因為態度是自己可以掌控的。

你無法掌控別人的行為，但你能掌控自己的想法。
你無法掌控每天的氣候，但你能掌控周圍的氣氛。
你無法掌控自己的長相，但你能掌控自己的表情。
你無法掌控生命的長度，但你能掌控生命的寬度。

有位母親在得知孩子罹癌後，想了很久：「我還能做些什麼？」最後她決定把孩子的生命歷程記錄下來。

她說：「孩子與死亡交會這一遭，讓我深深體會生命的長度不是任何人可以控制的。在這無法掌控的生命歷程裡，要盡力做自己能做的事，也就是積極地珍惜生命。

「寫下陪伴孩子治療的點滴就是其中之一。每個孩子的情況、每個家庭的陪伴方式都不一樣，這是值得寫下來的，這是只有我能做的事。」

是的，只要盡自己所能，結果就交給上帝吧！

當我們遇到任何事情時，認真思考「我還能做些什麼？」、
「有什麼方法可以讓事情變得更好？」
當一切該做的都做了，就好了。
引述美國前總統羅斯福的話：
「依你的情況，傾你所有，盡你所能。」
那就沒什麼好遺憾了。

21 其實都是心境的轉換

某天，有位學僧問洞山禪師說：「請問老師，遇到寒暑來時，應該如何躲避呢？」

洞山禪師回答說：「為什麼不到沒有寒暑的地方去？」

學僧接著又問：「那麼，何處沒有寒暑呢？」

洞山禪師回答：「寒時到寒處去，熱時到熱處去！」

學僧對洞山禪師這種前後矛盾的回答，感到相當疑惑與不解，於是反問禪師說：「您剛剛不是說要到一個既不寒冷又不炎熱的地方嗎？這會兒為什麼又說『寒時到寒處去，熱時到熱處去』呢？」

只見洞山禪師緩緩回答：「寒冷時用寒冷來鍛鍊自己，炎熱時用炎熱來鍛鍊自己！」

禪師的話看似前後矛盾，其實不然，這正說明了禪者的不動心。簡單地說，寒冬時就不要妄想自己置身在盛夏的海灘上晒太陽，而是要訓練自己去承受寒冷；酷暑時不要浪費時間做涼風習習的白日夢，而要全然地接受炎熱，便可超越暑意。

冷、熱的覺受都是「無藥可醫」的，它們會一再出現，但人心卻可以轉換。想想，有人願意大老遠跑去泡溫泉，或到天寒地凍的地方賞雪，為什麼？

其實都是心境的轉換。

許多人跑去登山，可能要吃很多苦，甚至精疲力盡。但他們並不認為這是痛苦，反而認為是種樂趣和成就，有時還很享受。同樣去登山，如果你認為那是件苦差事，整個過程就會變成痛苦的負擔。

是苦，是樂？都在一念間

有一年冬天，我到瑞典開會，在飯店認識一對從臺灣來自助旅遊的老夫妻。

我心想，他們每天吃牛肉丸、義大利麵、喝咖啡、逛美術館和博物館，而且斯德哥爾摩以多島、多橋著稱，常常一個橋接一個島，要走遍並不容易，加上當時氣溫約零下十度，老人家應該很不適應。

閒聊之後，果然老夫妻對參觀景點沒什麼概念，對當地的食物和氣候也在調適當中，可是出乎意料的是，他們玩得很高興。

早餐的三明治和咖啡、午餐的義大利麵、晚餐的麋鹿肉吃不慣沒關係，他們當成新鮮的嘗試；美術館和博物館看不懂沒關係，他們當成出來運動；在北歐每天只有三小時左右黑夜，正好適合老人家睡眠時間短；天氣嚴寒，讓他們更有理由送大衣給對方。

如果事情不是你喜歡的那個樣子，就去喜歡事情的那個樣子，這就是快樂之道。痛苦的人從不接受這世界的樣子，他們企圖改造世界，抱怨世界不合己意。而快樂的人則完全不同，外在世界是什麼樣子對他們沒有影響，他們的重心是內在。同一個環境，有人享受，有人抱怨，這兩者都取決於內在的心境。

幾個月不下雨，大家都在埋怨植物沒水可澆，結果過了一陣子情況居然相反，大雨滂沱，到處都是積水和泥濘，你能找到完美世界嗎？

天氣冷時，賣火鍋的笑，賣冰的抱怨；天氣熱時，換成賣冰的笑，賣火鍋的抱怨，你能讓所有人都滿意嗎？

快樂不會來自外在的人事物，因為它們不會永遠如我們所願，就像免不了有下雨天一樣，你最好喜歡下雨天，喜歡下雨天的人一定會比不喜歡的人快樂許多。

太冷太熱雖不好受，卻也最享受。
因為有冷、熱的覺受，
我們才能享受吃冰淇淋、吃火鍋的樂趣，不是嗎？
泡溫泉可以促進血液循環，泡冷泉則可以提神。
冷與熱，就像快樂和痛苦。
當你懂得苦中作樂，也就沒有不快樂。
如同《美麗人生》這部電影，同樣在納粹集中營的生活，
卻能成為孩子眼中闖關奪寶的戰鬥營！

Part 4

幸福近在咫尺，快樂遠在天邊

若是你中獎得到一百元，心中想的卻是：
「為什麼我中的不是一百萬元。」你會高興嗎？
隨著年紀增長，你是否發現自己的快樂越來越少，
人生越來越無趣？
這並不是因為你缺少什麼，而是你擁有的越來越多，
反而麻痺了。

22 想像的快樂，不快樂

很多時候，人之所以感到挫折連連，並非有什麼了不起的壞事發生，而是因為事情不盡如我們預期。

中秋沒看到月亮讓人覺得掃興？

想想，我們真的在乎「月亮」，還是在乎「期待落空」？因為每月十五都是月圓，大部分人並沒有特別感覺。

情人節沒收到禮物讓人覺得失望？

原本情人節只是個平常的日子，和其他日子沒什麼兩樣。但當它被電視媒體塑造成一個「特殊節日」，大家就開始有所期待；對情人若有期待，當這一天未收到花束、巧克力或安排好約會時，就會覺得傷心難過。這也是因為「期待落空」，對嗎？

再想想觀看日出的遊客，你認為誰最失望？一定是最期望看到日出的人，因為他內心認為唯有太陽「出現了」才會快樂。就是這種想法，讓人反而失去快樂。

會痛苦是因為我們將自己的幻象強加在真相之上

記得多年前的某天，新聞報導說NASA專家預測晚上將有難得一見的獅子座流星雨，在無光害的地區甚至每小時可見五百至一千顆壯觀的流星暴。於是我滿懷期待，與幾個朋友約好一起開車上山。結果沿途塞車不說，還因為觀測地點的天候不佳，等到快天亮了，竟然什麼都沒看到，每個人都敗興而歸。

事後回想，大夥難得相聚在山裡，一起吹著涼風、談天說地，已是一件美事，何必因為少了流星雨就覺得白來一趟呢？

原來我們想像的快樂，才是造成不快樂的原因；**期待就是讓我們無法安住當下的阻礙**。

自從這次經驗後，我的想法有很大改變。我決定不管發生什麼事，都要好好享受當下一刻；即使結果「不如預期」，我依然要快樂。

如果你曾經去露營，就知道自己能期待的事不多。在那裡水源、照明都不便，睡覺的床、桌椅也沒家裡舒適，更別提沒有電視、冰箱、沙發，但卻很少聽到有人抱怨，為什麼？

是因為期待不高。**因為我們放下平時要求事情的方式，反而讓我們體驗不同的樂趣**。

套句西藏的諺語：「沒有令人失望的狀況，只有陷入失望的眾生。」

試想，當你滿懷渴望想看到流星卻沒看見時，會怎麼樣？你能輕鬆放下失望的心情嗎？
放下，快樂就在當下。比看到流星更美好的是放下的心情。

會痛苦是因為我們將自己的幻象強加在真相之上。
想想，如果你不預期一個特定的結果，又怎麼會失望？
如果你不預設一個特定的目標，又怎麼會挫折？
如果你不去抗拒任何既成的事實，又怎麼會痛苦？
放下期待，全心去享受擁有的，而不是哀悼那沒有的。
只有當你不再拿現在所擁有的與你期待擁有的做比較，
才能真正享受手邊擁有的一切。

23 一廂情願

你是不是那種預期別人會符合自己期望的人呢？如果是的話，我想你一定經常失望，因為別人會努力符合他們自己的、而不是你的期望。實際上，別人可能甚至不知道你對他們有期望。

舉例來說，如果你很講究效率，但你的朋友做事老是慢半拍，那麼如果你期望朋友跟你一樣，你就會常感到挫折，甚至不耐煩，對嗎？

下大雨那天，如果妳希望男友能送妳回家，結果他只顧忙自己的事，妳就會感到失望。

當然，對人擁有期望並沒有什麼不對。但我們必須弄清楚，期望終歸是期望，那是「你的」，而不是「他的」。沒有人有義務配合或滿足你的期望。

我認識一對夫婦，有一天，丈夫來找我訴苦，說他對妻子不滿。他說他聽完某個心靈成長的課，覺得非常受用，興沖沖地回家，打算和妻子分享。一進門，看到妻子正在打電腦，冷冷地瞄了他一眼，就繼續做自己的事。他覺得自己像空氣一樣，一點都不受到重視。

我告訴他，你為什麼這麼一廂情願？你期待她能迎合你，但她有自己的想法、自己的心情，你何必為此生氣？況且當時她正在打電腦，你只想到要表達自己的想法，也對她視而不見，不是嗎？

當我們以平常所謂的愛去愛別人時，我們為何會生氣？因為我們沒有從那人身上得到預期的東西，對嗎？

憑什麼別人必須滿足你的期望

我自己也有類似的經驗。前陣子，臺北展出「會動的清明上河圖」，我想孩子看了一定會很驚喜，於是興致勃勃地問他們想不想跟我一起去，沒想到孩子的回答讓我的心涼了半截。他們沒說：「太棒了！我們迫不及待想去呢！」而是意興闌珊地說：「喔，隨便！」我聽了不高興地問：「什麼叫隨便啊？」這時他們才吐露實情：「隨便，就是隨你的意，我們是沒什麼興趣啦！」這麼一說，我就懂了。

那期待是我的，不是他們的，是我自己把期待放在他們身上。

你知道你的朋友、情人、夥伴、兄弟姐妹、父母、子女、另一半心裡頭在想些什麼嗎？你知道他們要的是什麼嗎？你真能肯定嗎？

愛的表達方式有千百萬種，然而我們卻習慣用「自己喜歡的方式」去愛人，而不是用「對方喜歡的方式」，怪不得多數人付出很多，卻沒有人「感受到」。

想想看：

別人有義務要聽從你嗎？

別人有義務要注意你嗎？

別人有義務要贊同你嗎？

別人有義務要喜歡你嗎？

別人有義務要迎合你嗎？

當人們讓你失望，這不是他們的錯，他們就是那個樣子。錯在於你抱持的期望。每個人都是按照自己的本質過生活，想要改變別人或對別人要求太多，都是自大且自私的。我們都希望做自己，希望別人接受我們，你不也是這樣嗎？所以，憑什麼別人必須滿足你的期望呢？

任何時候當你覺得失望受挫，別忘了問自己：
這個痛苦是怎麼來的？是不是因為我的期待造成的？
這些期待是「我的」，還是「他的」？
這些期待合理嗎？能放下嗎？
你越能覺察自己的期待，就越能看到問題所在。
一旦放下期待，放下對結果的執著，
我們的心很快就會平靜下來。

24 少一點愛，問題就會少很多

每當有人問我，要怎麼改善男女感情和婚姻的問題，我總開玩笑說，只要少一點愛，問題就會少很多。

因為，當我們愛某個人，我們就會想去改變他。人們總是說那是因為愛：「我這麼做，還不是為他好」、「要不是因為愛，我才懶得理他」。

但改變別人是愛嗎？如果有人一直想改變你，你會覺得「被愛」嗎？

瑪麗，她個性比較迷糊，做事慢條斯理，「這就是她」；約翰，個性比較強勢，做事很急躁，「他就是這樣」。如果你一直想改變，你怎麼能夠說「愛他」呢？

有位讀者來信告訴我：「剛結婚時，我真的過得很痛苦。我沒有工作，都是靠老公養，每天拿錢都得看他臉色，他脾氣不好，動不動就發怒，每天都過得戰戰兢兢……

「後來我終於想通了，這就是他的個性啊！我只要接受那樣的他，不就海闊天空了嗎？他在外頭賺錢辛苦，所以才捨不得給；工作常要看人臉色，有氣沒地方出，所以回到家裡脾氣變大，我為什麼要希望他不要發脾氣呢？」

不去改變，才能夠帶來改變

我們從不去看別人真正的樣子，不去聽別人的心聲；我們反而把他們拉進我們的內心戲裡。**他已經讓你看見他的真面目了——請相信那就是他。**現**在問題在你，你是否接受那樣的他，或者你保留你的愛直到他變成你想要的**

樣子？

美國作家佛格森（Marilyn Ferguson）說過一段話：

「誰也無法說服別人改變。我們每個人都守著一扇只能從內開啟的改變之門，不論動之以情或說之以理，都不能替別人開門。」

有些人想將每個人和每件事都變成自己想要的那樣，好得到快樂，但最後有辦到嗎？你曾聽過有任何人成功地把每個人都變成他想要的樣子嗎？

沒有，從來沒有！這些年來，我們一直都在試著改變別人，但是他們做了什麼？什麼也沒做！

愛絕不是等待對方變得更好才付出愛，如果他們永遠不改變呢？難道你永遠不再愛你的父母、男女朋友或伴侶、子女？

我聽說有位參加卡內基訓練班的學員，把寬容的原理運用到自己的家庭，使得家庭關係十分融洽。

一天，老婆請他講出自己的六項缺點，好成為更好的老婆。這位學員想了想說：「讓我想一想，明天早上再告訴妳。」

第二天一大早，學員來到花店，請花店送六朵玫瑰給老婆，並附上一張紙條：「我實在想不出妳需要改變的六個缺點，我就愛妳現在這個樣子。」

當天晚上，這位學員回到家，老婆站在門口迎接他，感動得幾乎流淚。從此，他認識到寬容和讚美的力量。

只有一種愛人的方式，那就是愛他們本來的樣子。當你愛本來的他們時，他們就改變了。

沒錯！不去改變，才能夠帶來改變，就像你學會再多的交際技巧，也未必能改善與人的互動。反之，你能真誠、寬容地對待對方，就能改變雙方關係。

支持別人做他們本來的樣子，會讓你永遠是贏家。

你所愛的人，從來沒有背叛你，他只是做他自己，
如果你因愛而受傷害，那是因為你背離了自己心中的愛。
狗兒愛骨頭不愛牧草，牛愛牧草不愛骨頭，
這就是牠們的本質，如果你一直想改變，是「愛」嗎？
真正愛一個人，是愛他本來的樣子，
而不是試圖把他改造成你喜歡的樣子。

25 錯把痛苦當快樂

生命本來就是快樂的。

這是真的。我知道，當你看到周遭的一切，會覺得好像不是這樣。但這是真的，生命本來就是快樂的。

人之所以不快樂，大部分原因來自想法模式的錯誤。我們總是這樣想：如果……，我就快樂。如果先生改變，我就快樂；如果我升上主管，我就快樂；如果我貸款還清或是賺大錢，我就快樂；如果小孩考得好成績，我就快樂……。人的悲哀就在於「錯把痛苦當快樂」。

事實上你並不想快樂，否則你為什麼要設下條件？你有一份工作，你現在就可以快樂，但你設下一個條件：要升上某個職位；你有一個好孩子，但你設下一個條件：孩子要考上好學校。你說，如果這個沒有完成，那我就不快樂。我們在快樂上附加了太多條件，才變得越來越不快樂。

你了解嗎？當你說如果升上某個職位，我就快樂。那如果一直沒升呢？你是不是一直都不快樂？

就算你升上某個職位，完成了設定的條件，你覺得很快樂，但這快樂又是怎麼來的？一開始，這條件也是「你加上去」的。因為有些人沒升官發財，一樣可以快樂，不是嗎？

不要把快樂跟獲取財富名利和享受物質生活弄混了。

快樂不該有附加條件

回想一下，在你一生當中有多少次已遂你所願！如果說話算數的話，你早該快樂了，不是嗎？你想拿到文憑，你拿到了；你想找份工作，你找到了；你想買部車子、想升遷，你也都辦到了。在生活中，你已經一次又一次得到想要的東西，可是為什麼仍然不快樂？

顯然大家都弄錯了！要體驗快樂，並不需要更高的學歷、更多的金錢、更大的車子或更好的對象，重要的是你自己的想法。

沒錯，樂由心生——是你的想法決定自己是否快樂。

引述戴爾・卡內基的話：「使你快樂或不快樂的，不是你有什麼、你是誰、你在哪裡，或你正在做什麼，而是你對它們的想法。舉例來說，兩個人處境相同，做的事情相同；兩人都擁有大致相等數量的金錢和聲望，然而其中之一鬱鬱寡歡，另外一人則歡欣愉快。」

什麼緣故？心態不同罷了！

這個世界上有太多人擁有高學歷、高地位，財產成千上億，或找到好工作、好對象，卻成天悶悶不樂，不是嗎？

所以，無論你達成了多少條件，又實踐了多少夢想，除非你自己決定要

快樂，否則是很難快樂起來的。

試想，當你所企望的目標終於達到的時候，又是誰要你快樂的呢？根本

就是你自己，對嗎？

當有人問我，要怎麼做才能快樂？
我總回答說：「只要把你加在快樂上的條件除去就可以。」
快樂是你自己決定要快樂起來的結果，
僅此而已，就這麼簡單。
快樂的人即使有時也會遇到困擾和煩憂，
但他們仍舊能保持愉快的心情。
就像有句俗話說的：
「鳥兒不是因為有了答案才鳴唱，牠唱乃是因為牠有歌。」
人也一樣，就算頭頂烏雲一樣可以歡唱。

26 你可以滿足多久？

大部分人都以為快樂就是得遂心願，其實這種快樂是膚淺而短暫的。

孩子買了新玩具，可以開心一天；女人買了新鞋，可以快樂一週；男人加了薪，可以滿足一個月。但是過不了多久，孩子又想要新玩具，女人又看到新衣服，男人又想換部新車；每次一滿足某種欲望，就會有另一個新欲望取而代之。

記得讀高中時，有次到同學家開的樂器行，聽到他用民謠吉他自彈自唱，當下就被吸引住了。從那天起，我對民謠吉他老是魂牽夢縈，甚至省下午餐錢，為的就是盡早買到一把屬於自己的吉他。

事實上，與其說我對音樂有興趣，不如說是想得到那把吉他。因為後來我真的買到跟同學一模一樣的吉他，但彈沒幾次便束之高閣。我崇拜的對象變成了李小龍，我又開始迫不及待地想擁有雙截棍……

想滿足欲望就是自討苦吃

一次又一次的經驗告訴我們，這個世界上沒有什麼能永遠滿足。畢業的人煩惱找不到工作，找到工作後，開始覺得薪水不夠多；等到加薪了，又開始想什麼時候才能升遷……。今天想車子，明天想房子，大後天又想要一個漂亮的女朋友陪在身邊。絕大多數人都是無止境地追逐下去。一旦擁有它，當新鮮感不再的時候，我們又會轉頭去找別的。

人們常說：「如果可以和自己喜愛的人結婚，夫復何求。」可是，和心上人結婚之後呢？你真的滿意嗎？心願已足了嗎？

你終於買到那件想了很久的衣服，滿意了嗎？沒有，也許你以為多買幾件才會滿意，那麼，去問問那些擁有許多名牌時裝的人，他們滿意了嗎？

我曾聽一位女士講她自己的經歷：

有一次她到百貨看到一件很喜歡的衣服，因為還沒打折，有點猶豫，沒有當場買下那套衣服。隔了幾天後，她受不了，下定決心不管有沒有打折都要買，再回到專櫃卻已經被買走了。

「那套衣服的樣式、顏色，我一直無法忘懷，」她說：「有時候想起還會怨嘆自己當初沒當機立斷。」一直到某次聚餐，她看到有個同事穿著她「朝思暮想」的那套衣服。她起初嚇一跳，後來反而慶幸自己當時沒買。

衣服還是同一件，為什麼心情有那麼大的轉變？**因為我們購買的其實是「欲望」，那就是為什麼我們以為缺少某些東西就難以釋懷，可是一旦得到，我們所做的卻是——沒有它也過得好好的。**

所以，每當心中生起欲望時，我就會問自己：「我擁有那樣東西之後，一定會快樂嗎？真的就滿足了嗎？」

假如還是想滿足這個欲望，那我會推想一下欲望滿足之後。比如，一個月之後或一年之後，我會覺得如何？我會一直覺得滿足嗎？當然不會。知道了答案後，可以幫助我降低欲望。

你也可以試試！

你可曾擁有某件想要的東西，而得到持久的快樂？沒有吧！
每個人都有許多欲望，有些欲望非常強烈，
我們會盡一切努力去滿足，
但是，往往在得到欲求的物品後，
那股強烈欲望就會開始消退。
就像每天扛著漏底的破水桶，到很遠的地方去汲水，
還沒回到家，水桶裡的水就所剩無幾了，
因此又得反反覆覆地往返汲水。
所以佛陀說，心的不滿足即是痛苦——
無論你得到多少，也不能滿足一種想要更多、更好的欲望。
這個無止境的欲望就是苦。
想滿足欲望就是自討苦吃。

27 魚總是最後一個看到水

幾年前，一位友人送我一組「柴燒茶壺」，那是以手拉坯的方式製作壺身，佐以浮雕中國山水畫，並經高溫柴燒方式燒製而成，茶壺呈現自然落灰與結晶的風采。

我越看越滿意，常常用它來喝茶，逢人就對它讚不絕口。有次我到苗栗三義，發現當地有賣類似的壺，於是又買了兩組。

怪的是，當我再次拿起原來那組茶具時，那分感激與珍惜不見了。這讓我深切領悟到，當人擁有越多，越容易因習慣而變成「人在福中不知福」。

你擁有很多，但那種滿足的喜樂卻不見了；房子裡塞滿東西，你卻感到空虛，這就是現代人的情況。我們身處在富裕的社會，但富裕的生活並沒有使我們更幸福，反倒引發我們對物質的渴求。為什麼？

說一則故事：

有個盲人在路上跌倒，竟然摸到十元，不但沒有高興，反而當場哭了起來。旁人不解地問道：「你撿到十元，應該高興才是，怎麼哭了起來呢？」盲人回答說：「我這瞎眼的，一跌倒就撿到十元，那……那些明眼的人，不知道撿到多少！」

明白了嗎？**幸福與得到你想要的東西之間沒有多大關係，卻跟你是否「珍惜已經擁有的一切」有密切關係。**

想想，若你中獎得到一百元，但心中想的卻是：「為什麼我中的不是一百萬元？」你會高興嗎？

這些年你是否發現，自己的快樂越來越少，人生越來越無趣，這並不是因為你缺少什麼，而是你擁有越來越多，反而麻痺了。

魚總是最後一個看到水。一個感官麻木，視而不見的人，就算擁有再多，也很難感受到幸福。

我從感恩裡學習到最棒的東西，
就是了解到「自己已經夠幸福」。
當感激漸漸增長時，我們的內心會有一股滿足感油然而生。
如果沒有感受到，
就表示我們對自己擁有的一切缺乏感激之情。
不滿和感恩是完全不同向度，不滿的人專注於欠缺的，
而感恩的人則專注在擁有的。
一個老是不滿現況、不知感恩的人，
當然無法感受到幸福。

28 生活小確幸

我們大多數的人一生當中很少有機會可以得大獎，像是中樂透、見到北極光或得到諾貝爾獎。不過我們都有機會得到許多小獎，每個人都有機會得到一個讚美、一個擁抱或是一輪明月！生活中到處都有小確幸。

村上春樹在《蘭格漢斯島的午后》中提到的「小確幸」，是指人生中微小但確切的幸福。其實每個人的生活周遭都有不同的小幸福，只要你細心觀察，就會發現它們在你身邊。

每次經過賣咖啡的推車旁，深吸一口咖啡的香氣是幸福。

聽到小鳥在窗口邊啁啾啼叫是幸福。

看見小嬰兒臉上純稚的笑容是幸福。

有人關心你、愛著你是幸福；和朋友喝咖啡閒聊是幸福；水缸裡養的魚生了小魚也是幸福。

村上春樹說他自己選購內褲，把洗滌過的潔淨內褲捲摺好、整齊地放在抽屜中，就是一種微小而真確的幸福。

幸福不是「物質」上的，而是「本質」上的。它不是用錢買來的，而是你感覺到的。

人生其實很美，美在你不曾注意的地方

這麼多年來讀詩的經驗，我發現從人行道裂縫冒出的小花到清晨閃爍的水珠都是詩。想要活得快樂、優雅，得學會像詩人那樣，隨時使用敏銳的觀察力，感受周遭的小確幸。

曾有人請教過畫家喬治亞・歐齊飛，為何在她的畫中總是刻意把其實很小的東西，例如花瓣的比例放大，卻將那些實際上很大的東西，例如山脈的比例縮小呢？

「大的東西人人都看得見。」她回答：「可是這些小東西長得那麼漂亮，如果我不刻意強調，恐怕會被人們忽略。」

看見生活中的問題是很容易的，因為每個問題都像一道牆一樣，但我們總是忽略牆角邊的小花小草，沒有注意到它們在微風中搖擺歡笑。

法國作家安東尼・聖修伯里說：「人們在花園裡種了五千朵玫瑰……然而他們還是找不到他們要的……其實他們要的東西，可能在一朵玫瑰或一滴水珠上就可以找到。」**人生其實很美，美在你不曾注意的地方**。

世人大多錯過了，因為他們一直在等待某些偉大的事發生。但生命的喜悅只會透過平凡的小事發生：田野的風光、樹下的光影；清晨的朝露、晚霞的餘暉；飯菜的香味、朋友的問候……。套句村上春樹的話：「如果沒有這種小確幸，人生只不過像乾巴巴的沙漠而已。」

你毋須到遠方尋找幸福，你應該就近灌溉、栽種它。

我們不停追逐著想像中代表幸福的青鳥，
會不會到最後才發現，原來幸福不在很遠的地方，
而是在我們每天的生活中。
美國著名的幽默作家喬希・比林斯比喻得妙：
「假如你曾經追尋到幸福，你便可以了解，
那就像一個老婦人急著尋找她遺失的眼鏡，
卻發現它好端端地架在自己鼻梁上。」

Part 5
人生苦短，當下最真

人，說走就走。
每個人都不知道自己哪一天會死。
當你雙腳邁出家門時，臨走的一聲再見，
所意味的可能是還會再見面，也許是永遠「再見」！

29 做得太多，活得太少

可能是受家庭教育的影響，我是個急性子。不但說話快、吃飯快、走路快，做事也要求高效率。

這個習慣牢牢套住了我，每次我在做某件事時，總是急著想下一件事。我常邊做事邊想還有什麼事沒做，等做完這件事後要做這個、做那個，幾點要聯絡某人、記得要交代哪些事……。我甚至連去散步也擺脫不了這種壞習慣；我都先設定好時間，散步的重點似乎是為了完成某項任務，而不是為了享受片刻的悠閒。就像美國詩人桑德堡（Carl Sandburg）說的：「我是個理想主義者，我不知道要去哪裡，不過正在路上。」

曾有人提醒我要放慢腳步，當時我的第一個反應是：「如果腳步太慢根本做不成什麼事。」因為世界轉動太快，我們也要行動快速，才能跟上腳步。但快速的行動反而讓人感覺老跟不上腳步。

有句話說得很對：「看他們急急忙忙的，似乎是為了要節省時間；但我從未見過一個覺得時間夠用的人這樣急急忙忙。」當我腳步越快，就越焦慮、越有壓力；越是焦慮、有壓力，腳步就越快。這樣的情形連帶也影響到我的健康、家庭和人際關係。

我開始質疑這種「快速卻不快活」的生活方式。

我曾觀察一些工作滿檔，卻照樣過得很快活的人，他們和拚命三郎最大的差別在於，他們懂得享受所做的事。

重要的是時間的質，而不是量。他們總是全心投入正在做的事上，而不是把所有事塞進時間裡，如此就會有更美好的經驗，生活也會更自在。

人生就像一本書

我也發現腳步太快，往往無法盡情感受周遭的事物。倘若你試著快轉一部電影，只能看到模糊的影像，卻無法欣賞劇情，也體會不出電影的意義。這就是我當時的情況——在人生的電影中趕場，卻不知道在演什麼。說真的，現在回想起來，我都忘了那些年是怎麼過的。

如今我知道，**要成為一個「感受生活」，而不是「趕著生活」的人**。當我們放慢腳步，途中若是碰到美麗的事物，如路旁的一朵野花、一隻野鳥，乃至樹上剛冒出的嫩芽，就可以駐足欣賞。這時候野花、野鳥、嫩芽都為我們而存在。如果我們匆忙倉促，連一刻都不能停下來，即使再美的風景，人若無心欣賞，又有何美妙可言？

如今我知道，**要把目標擺在心裡，但不要一路盯著它，免得忽略了過**

程本身。就像搭火車，雖然要確定上對車、下對站，但坐在車上時，並不需要一直想著下一站是哪裡、什麼時候該下車。匆忙焦慮並不會讓我們提早到站。

人生是無法倒帶的，它只能不斷前進，每分、每秒、每個時刻流逝之後，就再也無法回頭、重新來過。

曾有人做過這樣的比喻：

人生就像一本書。愚蠢的人往往只是匆忙地隨便翻翻；而聰明的人卻用心細細閱讀。因為他們知道人生這本書一輩子只能看一次。

生命中的每個情境也都只發生一次，好好珍惜吧！

我們總是在想：

「等一下要做什麼，做完以後還要做什麼……」

為什麼從來沒注意到，自己現在在做什麼？

想一想吧，早上還沒起床，

你就先擔心起床後的寒冷而錯失了被子裡最後幾分鐘的溫暖；

吃早餐時你又想著路上可能塞車而囫圇吞棗，

錯過了品嘗美味；

你到外面散心又想著待辦的工作或未完成的課業，

因而錯失欣賞風景……。

你從來沒有生活在此時此刻，當然享受不到生活。

30 錯過了過程，當然感受不到

常聽人說，泡一壺好茶、喝一杯咖啡，或是去爬山、賞鳥很享受。但是，當我們正在做這些事情時，為什麼沒感受到？

原因就在我們的心並沒有融入。比方說，有人告訴你：「爬山很享受。」所以你就去，等爬回來，「真搞不懂，哪有什麼享受？」你說：「全身腰酸背痛。」你的心並沒有跟陽光在一起，也沒有跟風在一起，你只想著登上山頂，你錯過了過程、錯過周遭的美景，當然感受不到。

人生也一樣，一般人都努力想達成目標，認為達成目標就可以享受人生。但事實真是這樣嗎？想想看：

如果讀書很痛苦，當你畢業之後就很快樂嗎？
如果當員工很煩惱，做了老闆就沒有煩惱嗎？
如果戀愛很多問題，當結婚之後就沒問題嗎？
如果懷孕很辛苦，當孩子生下後就很輕鬆嗎？

不，達成目標並不是快樂的保證。人生重要的是過程而非結果。讀書有讀書的好，就業有就業的好；員工有員工的好，老闆有老闆的好；戀愛有戀愛的好，結婚有結婚的好……。人生過程就如一個待產的母親，她的快樂不只來自嬰兒的誕生，同時也來自懷孕中的期待和喜悅。

盯著計分板打球，眼中所見的已不是球

作家貝倫・沃爾夫說得對：「如果你觀察一個真正快樂的人，你可能發現他正在建一艘小舟、寫一首交響曲、教導他的兒子種植花木，或正在戈壁

沙漠尋找恐龍蛋。

「他不會像搜尋一顆滾到電暖爐下的衣釦那樣，以尋找快樂為目的。他意識到一天滿滿的二十四小時；在每時每刻的過程中，他都是快樂的。」

快樂是享受整個過程。你可以試試看，泡一杯茶，飲一口！感覺喝茶時的溫暖，以及那清香的流動！完全浸淫在裡面。感覺那整座茶山、整座茶園的陽光、空氣和水都進入你的內在，去融入那樣的感覺，就是享受。

如果你只是為了快點把茶喝完，那就只是撐飽肚子而已。

如果你想要快樂，你不能夠像一枝箭直接射向快樂的目標。登上某座高山的山頂不會使人快樂，只是讓人解脫，爬山的過程才會帶來快樂。**如果必須「到達」山頂才快樂，那你整個「路程」怎麼可能快樂呢？**

以此推論，快樂只是某段旅程的終點，那麼一旦抵達這個地點，便意味著旅程的結束，不是嗎？那就是為什麼許多人即使達成了目標仍無法享受人生。

人生的百分之九十八都是過程，如果你只為目標而活、為那最後的百分之二而活，那你的人生十之八九是不快樂的。

日本有句諺語：

「如果你只為效益或成果而活，無異是盯著計分板打球，

眼中所見的已不是球。」

如果你也是這樣，也是為效益或成果而活，

我想多半時候你一定是不快樂的，因為在達成的「過程」中，

也就是在你達到想要的結果之前，

任何你所做的事都變成負擔和痛苦，

快樂只有在目標達成的時候；

而那是在未來、在以後，所以現在的你很難快樂。

31 我要的是什麼？

每個人家裡應該都有許多不同品牌和風格的杯子，然而不論它們有多美麗、多昂貴，如果我們忘了裡面的茶，杯子就會變成障礙。杯子的目的不是拿來展覽或炫耀，而是用來喝茶的。

人們的迷思就在於很會買杯子，卻不會喝茶。只知道購物，卻很少拿出來用；只知道念書，卻不知道將來要做什麼；渴望戀愛，卻不知道戀愛之後要如何經營、維繫感情；不斷增加銀行存款的數字，卻沒有提升生活品質；想長生不老，卻不知道活著是為了什麼……。這些都是追求茶杯卻忘了喝茶。

不管你追求什麼，首先要問自己一個終極問題：「我要的是什麼？」

就像在路上走的、開車的、坐車的，都是要到某個地方去。**如果你只知道開車，不斷踩油門，卻不知道自己要去哪裡，這不是很瞎嗎？**

常有人問我要怎樣才能長壽，然而我們為什麼要長壽，你為什麼想留在這個身體裡，這問題你想過嗎？因為多數日子你都過得不快樂，你對父母不滿、對朋友不滿、對老闆不滿、對另一半不滿、對社會不滿、對周圍的一切都不滿，甚至對自己的身體不滿。儘管如此，你還是希望能一直留在這個身體裡，為什麼？

活得久不是活著最終的目的，而是實現夢想或希望的手段而已。你必須知道：「活著是為了什麼？」那樣長壽才有意義。

追求是手段，幸福快樂才是人生的目的

就在幾天前，有個熱衷靈修的朋友告訴我，他說：「在深山裡有個師父可以開天眼，修練功法已經達到三花聚頂，三昧真火的境界，法術非常高明，要不要一起去見識？」但我懷疑這跟靈修有什麼關係？記得有個人向佛陀炫耀他能走在水面上。佛陀問他：「你練多久才練成這種功夫？」他回答說：「二十五年。」佛陀說：「那豈不太浪費時間和金錢了嗎？我只要花五分錢僱條船就可以過河了。」

靈修為的是什麼？就是開悟，是讓自己身心安頓，何必搞得那麼複雜？

我想起一則故事：有個江湖術士到一間有名的禪寺去，一進寺院就大聲嚷嚷要住持出來，擺明要「踢館」，引來很多信徒圍觀。

術士傲慢地問住持：「你懂得如何布下七星陣，替信眾降妖除魔嗎？」

「老衲不懂。」住持說。

術士又說：「你懂得如何使出乾坤挪移大法，替信眾化解災難嗎？」

「老衲不懂。」

術士繼續咄咄逼人地說：「那你懂得擺設三寶三牲，替信徒渡化冤親債主嗎？」

「老衲還是不懂。」住持依然這麼回答。

「哼！那你這個和尚究竟懂什麼？」

「只會捻香念佛。」住持說。

「這麼說來，我的法術比你厲害，比你高明多啦！」術士洋洋得意地說。

「我們的責任是替信眾帶來安心。但你將簡單的事情複雜化，我將複雜的事情簡單化。」住持微笑地說：「究竟是誰比較高明呢？」

一旁的信眾聽了，紛紛叫好。術士只好漲紅著臉，悻悻然離去。

人在追逐中常忘了自己的初衷，那就是為什麼我們做任何事前都應該先弄明白，自己要的是什麼。

你想念研究所，念完要做什麼？

你想讓孩子學各種才藝，學那麼多才藝要做什麼？

你想買間大房子，那麼大要做什麼？

你想長命百歲，那麼長命要做什麼？

追求是手段，幸福快樂才是目的。把追求看成目的，而忘了該怎麼把生活過好，就像只知道握著茶杯卻忘了喝茶，那才是真的白活了。

希臘哲學家亞里斯多德說：
「人生的目的在追求幸福，
但不是所有的幸福都是人生的目的。」
我們每天都很努力，卻不曾停下來問自己，
它是否值得我們這麼費力，到底我們追求的東西有沒有價值。
什麼是自己所要的幸福要加以選擇，不要盲目跟著別人走。

32 此刻，你在做什麼？

「活在當下！」這句話可能很多人琅琅上口，但「活在當下」是什麼意思、「為何」以及「如何」活在當下，這些問題可能很少人真正想過。

為什麼要活在當下？那是因為對我們來說，只有一個時間，那就是當下。你不可能回到過去或是活在未來，只有當下這一刻才是真實的。

許多人把時間花在後悔過去已發生的事、想著過去的辛苦和不愉快，或是老在為未來計畫、為未來擔憂。想想這會有什麼結果？就是錯過當下。

還有些人很可憐，他們一輩子為了生活裡的繁忙埋頭苦幹，甚至常常不知道自己正在度過人生最甜、最美的一段。然後不知不覺中，當生命走到了盡頭才醒悟，自己浪費了一生的時間，從來沒有真正活過。

該怎樣活在當下呢？

簡單地說，就是要活在此時此刻。**你到一個地方，首先你要問的是：「我為什麼會在這裡？」然後，接下來你要問一個更根本的問題：「你在不在這裡？」**我指的不是「你的身體」，而是你的「心」，是不是在你所在的地方？

試想，某個男人正在跟女友喝下午茶，在良辰美景中，輕柔的音樂令人如痴如醉，這時他竟然問她說：「我們什麼時候離開，我想起出門前忘了關電腦。」

一下就把眼前的美好時光給抹殺了！

顯然這男人並沒有把心思放在眼前這一刻。當你全然在這裡，就不可能想著其他的事。可想的都是已經發生過的事，或者等一下（未來）要發生的事，你又怎麼能夠「想」現在？這也是許多人學習靜坐的原因，因為唯有安於當下，心才能靜下來，才能真正地身心安頓。

人們常說喜悅就是活在當下。想想看，你和男朋友或女朋友到某地旅遊，卻心不在焉，那你人在哪裡？如果你身在心不在，誰能替你聯絡感情？如果你整個人都不在這裡，又如何感受喜悅？

喜悅不是想出來的，而是當下直接的感受。體驗的瞬間，是唯一存在的時間。此刻你正在體驗什麼？

此刻，我正在和父母聯絡感情；此刻，我正在休閒度假；此刻，我正在抬頭仰望藍天；此刻，我正在欣賞一隻蝸牛……

拿一張「此刻，你在做什麼？」的小卡片，隨時提醒自己覺察當下，享受每一個片刻，慢慢你就感受到活在當下的喜悅。

當你全然地活在此時此刻，沒有雜念，就是一種「靜心」。
所以在佛教中，把覺察當下所發生的一切，稱為正念。
古代禪師開示弟子的修行之道是：
「吃飯時吃飯，睡覺時睡覺。」道理就在這裡。
正念就是全神貫注在當下，不憂慮過去或未來。
不要去想別的事，你現在做的事就是人生最重要的事。
如果你不能秉持正念吃飯、睡覺，
就連你在靜坐時也無法靜心，
那做其他事情時也一樣不能專心，失去正念。

33 恨晚

朋友被診斷出癌症末期，大家去醫院看他。離開後在醫院門口感嘆：

「唉，他還這麼年輕，怎麼會……」

另一人說：「上回還聽他說，等到工作穩定後，要帶全家出國旅遊。」

在醫院，這類的場景不斷上演。我們每個人都有春秋大夢，期待著某個日子的到來：等到達成目標、等到賺夠了錢、等到身體健康、等到孩子都長大、等到退休了……，那時我們就有時間去做我們認為重要的事。

然而結果真是這樣嗎？

曾聽過一位教授的演講，他說一般人的一生不外乎三個階段，第一個階段是學習，第二個階段是工作，第三個階段是退休後享受人生。

他問現場的人想不想趕快退休？現場所有人都迫不及待想趕快退休。教授又問，退休之後要做什麼？

有人回答去旅行、環遊世界；也有人回答做義工、志工。教授提到，有很多人拚命賺錢，以為等賺到幾千萬後退休，再來好好享受人生，結果一朝檢查出來罹患不治之症，什麼都沒享受到就不甘心地離開了。也有人退休後天天出國旅行，玩了一陣子後又覺得人生失去目標，一直玩樂似乎也欠缺一點什麼。那麼應該要怎樣面對人生呢？

他的結論是：每天都要享受人生，而不是等到退休後才來享受人生。

人生沒有售來回票

我有一個朋友的妻子一直想到義大利旅遊，這是她唯一的願望。只是我這朋友老是說，要等到房貸付清、等孩子長大再去。

如今，房貸付清、孩子也成家立業了，妻子這個夢卻一直沒有實現；她去年過世了，留下無比遺憾。

所以不要延緩要過的生活，不要說將來有一天想過的日子會來臨。「想做什麼現在就去做，因為生命是不等人的。」有位學長每次提起這段往事總感慨萬千地說。以前他老婆一直希望他能送花給她，但他覺得太浪費，總推說下一次再買，結果卻是在她死後，用鮮花布置她的靈堂。

有很多事，在你還不懂得珍惜之前已成往事；有很多人，在你還來不及用心之前已往生；有很多夢想，也許永遠不會實現。

遺憾的事一再發生，但過後再追悔是沒用的，「那時候」已經過去，「那個人」也已經不在。

塞內卡（Lucius Annaeus Seneca，古羅馬時期著名的斯多亞學派哲學家）說得對：「在我們等著要去生活的時候，生命已經過去了。」人生沒有售來回票，失去的便永遠不再回來，將希望寄予「某個特別日子」的我們，不知失去了多少可能的幸福。

我看過一篇文章，內容是說有個人的妻子因為一場意外而過世，他在整理她的衣物時發現一條名牌圍巾，上面的吊牌還在，人卻已經不在了。

我也聽說有個病人漂亮衣服捨不得穿，她總說：「要等到特別的日子才穿。」後來在她的葬禮上；在那個特別日子裡終於穿上了。

所以，不要再說：「我以後要怎樣怎樣……」如果有「以後」想做的事，就請現在去做！以後你只會變老、體力變差、興致變少，而且以後的你未必有現在的心情，以後的你已不是現在的你，不是嗎？

生命中大多數美好事物都是不等人的，千萬別讓自己徒留「為時已晚」的遺憾。

有些時間專家建議，假裝自己只剩下七天生命，

那你會如何安排？和誰共度？

多數人的回答是：

「如果我只剩七天，我會告訴某某某我對他的愛……」

「如果我只能活七天，我要坐在海邊，欣賞夕陽……」

大多數人都希望能做些使生命更完整的事，

而且也都意識到這件事的迫切。那麼，還等什麼呢？

為什麼要等到只剩下「最後」的七天，才願意去做這些事？

為什麼不現在就去做？

34 把每一天當最後一天

我想問大家一個問題：「假設你現在得到癌症，只剩半年可以活，那麼你打算過什麼樣的生活？對這一生，你滿不滿意？是否覺得生命當中還有什麼想做的事，卻遲遲沒去做？」

一位病人被診斷出癌症時，已是末期，他剩下的日子不多。他說：「當我接受死亡的事實後，生命才真正開始。以前日子都不知道是怎麼溜走的，現在我不會再輕易錯過。」

一位癌症病人想用自己最後幾年的生命去圓他尚未實現的許多夢想，結果他居然一個一個把那些夢想全都實現了。後來他告訴別人：「我無法想像要不是這場病，我的生命會有多糟糕。是它提醒我，去做自己想做的事。」

還有位企業家談及他的生死觀。他說，他曾生過大病、住過加護病房，在生死一線間被拉回人間。從此他不斷思索：「我還有什麼事沒做，要及時去做。」

就像《西藏生死書》作者索甲仁波切說的：「接近死亡，可以帶來真正的覺醒和生命的改變。」彷彿只有當我們體認到在世上的時間是有限的，才懂得好好過每一天，好像過去的日子不存在似的。

其實，**死亡並不是最後才發生，而是已經在發生，只是不知道什麼時候、用什麼方式找上我們**。一場大病能讓人體驗到生命的脆弱；一件意外會使人發現死亡近在咫尺；被醫師宣告只剩幾個月生命的病人更會了解，不論你願不願意，都必須面對死亡。

我真正活過了！

不論東西方的宗教靈修都很重視對死亡的觀想。佛陀臨終前說：「在一切足跡中，大象的足跡最為尊貴；在一切正念禪中，念死最為尊貴。」耶穌也請人們醒悟祈禱，不要糊里糊塗，只顧累積世上的財富，卻忘記上帝有可能就在今夜索回我們的靈魂。

人，說走就走。每個人都不知道自己哪一天會死，沒有人知道明天會發生什麼事。當你雙腳邁出家門時，臨走前的一聲再見，所意味的可能是還會再見面，也許是永遠「再見」！

有位學生說了一段他自己的故事。那是發生在去年冬天的事，他父親趕著要出國，而他也趕著去赴朋友的約會，他匆忙跟父親說了聲再見，沒想到這竟是他們最後一次道別，因為從此他們就沒「再見了」。

所以，我常說：「**要活得像明日就要死去一樣。**」這並不是要你消極度日、麻木苟活，相反的，如果你將每一天都視為最後一天，你就不會到處鬼混，而會立刻去做想做的事、去說出心裡的話；你會全心全意好好生活，善用每一分鐘。那樣就算死亡哪天真正來臨，你也不會有遺憾，你可以說：「我真正活過了！」

把每一天當最後一天，你就知道該怎麼活。

想好好活著的最大祕訣就是「死前先死過」。

想一想：

如果昨天就不在人世了，那麼今天會錯過什麼？

如果明天就死了，今天所經驗的一切有沒有意義？

如果來日無多，你會不會希望自己是以另一種方式過活？

知道了答案，你就知道自己已經浪費了多少生命。

35 想像自己的告別式

「人的一生如何了無遺憾？」這問題曾一再被提及。

我認為最簡單的方法就是「以終為始」，把生命的過程顛倒過來，讓所做所為都以人生最終願景為依歸，那麼，就算死了也能了無遺憾。

因此，現在我想問大家幾個問題：

第一個問題是：「你想你可以活到幾歲？」拿一張紙把這個數字寫下來。

第二個要問的是：「你現在幾歲？」也請你把數字寫下來。然後把第一個數字減去第二個數字，得出的數字就是你還有幾年可以活。

日子還很長的朋友，請你好好想想：你現在該怎麼做？是不是該注重養生保健？是否該做更好的經營和規劃？該怎麼過更美好的人生？

如果剩下日子不多的人，也請想想：你還要繼續累積、執著於那些身外之物嗎？還要那麼嚴肅過日子嗎？你還要愛發脾氣、看不開，跟人斤斤計較嗎？

管理專家史蒂芬・柯維在《與成功有約》中有一段話：「每個人在開始做任何事前，就應該要有結束的圖像在腦海裡。」

我第一次讀到這句話時感到很震撼：**你能想像將來在你的喪禮上，你周圍的人如何描述你嗎？**

柯維建議大家想像自己的告別式。在告別式中，今生所有對你有特殊意義的人物都在場，包括配偶、兄弟姐妹、朋友、同事、兒女等等。然後請想像，你希望聽到什麼樣的評語？他們會記得你什麼？你是個稱職的丈夫、妻子、父母或子女嗎？你是個令人懷念的同事或夥伴嗎？失去了你，對他們有什麼影響？對某些人而言，這項練習可能令人毛骨悚然，卻可以幫助我們「以終為始」。

我個人很想聽到的是，太太描述我是一個負責、體貼的伴侶；在孩子眼中我是個關心子女、無所不談的好爸爸；朋友說我隨和、慷慨；鄰居說我和善、誠懇；同事說我正直、樂於助人……，而這就成為我努力的目標。

我會開始寫作也是希望對人們有些影響——可以留點什麼給世界。

義大利文學家卡爾維諾曾說：「死亡，是你加上這個世界再減去你。」這句話很發人深省：「**你在或不在，這個世界有沒有不一樣？**」

我認為每個人在世上留下一點自己的東西是很重要的。記得就是生，忘記就是死。如果某人已告別人間，可是依然活在我們的記憶裡，他便是栩栩如生的，如果他在不在並沒有什麼不同，那他活著等於是死。

活著最重要的是追尋無憾，人我皆無憾，才是圓滿。死者的末了是活者的未來。每個人若能以人生最終願景為依歸，那將是最圓滿的一生。

當我們老去，回首前塵，自問這一生做了什麼？
有一份工作，賺了點錢，結交一些親友，
但我們到底做了什麼？
聖奧古斯丁（Sanctus Aurelius Augustinus）曾說，
當一個人問自己這樣的問題，就算是真正長大了。
什麼問題呢？「我希望別人記得我是怎樣一個人？」
如果懷疑自己該做什麼時，只需問這個問題，
便能清楚知道自己該怎麼做。

Part 6
如果你真的很累，就放下吧！

滿足需求只是本能，明白自己不需要什麼才是人生智慧。
套句心理學家威廉・詹姆斯的話：
「懂得什麼該捨，就是懂得智慧。」
生命的過程就如同一次旅行，
如果你想輕鬆自在，就必須卸下一些東西。

36 你也是觀光客

大約十九世紀末，一名美國觀光客來拜訪有名的波蘭智者哈應姆（Hafez Hayyim）。

這名觀光客很驚訝哈應姆的屋子裡只有一間都是書的簡陋房間，僅有的家具是一張桌子和一張椅子。

觀光客問：「老師，您的家具都在哪裡？」

哈應姆反問他：「那你的家具又在哪裡？」

觀光客笑道：「我的？我只是個過路客啊！」

哈應姆也笑著答道：「我也只是一個過路客呀！」

他說得對，我們都只是過客而已。在這個世界上，沒有人能真正擁有任何東西，所有的錢財都是流動的，今天在我這裡，明天又流到別處。你的房子、土地、黃金、古董……都只是借你暫用和保管而已，最多保管幾十年，當我們撒手人寰，什麼都帶不走。你只有使用權，並沒有所有權。

你也許覺得疑惑：「這黃金、古董是我買的，我當然擁有它。」但你真的擁有嗎？不，當你還沒擁有之前，那些東西早已存在，它們是由別人所擁有，當有一天你不在了，那些東西還會在這裡，且將由別人擁有。

或許有人不服氣：「那塊土地我有它的權狀，我當然是所有權人。」其實這跟權狀無關。因為在你擁有之前，那土地的權狀在別人手上，有一天你不在了，就連發給你權狀的人都不在了，但土地還會繼續存在，你怎麼能夠宣稱「我是所有人」呢？

唯一可以帶走的是你的靈魂

星雲大師退位時，許多人都為他離開佛光山感到惋惜，他說了一段非常有智慧的話，他說：

「佛光山如果要說是屬於我的，就是屬於我的。因為大自然的一切，小如花草清風，大到山河大地，如果你認為是你的，它就是你的。

「佛光山，如果要說不是屬於我的，就不是屬於我的。因為不要說佛光山這麼大的園林，不能為個人擁有，即使是自己的身體也不是自己所擁有的。」

所以別聲稱那是「我的」。沒有什麼是你的，你的財產、你最喜歡、最愛的這個那個，甚至連你的身體，所有的一切在你離開時，都得放掉。想想古埃及人，他們非常在乎物質，死後將所有財富一起埋葬，儘管如此，他們仍帶不走任何東西，就連征服大半個世界的亞歷山大，走的時候也是兩手空空，不是嗎？

我們就像小孩子在沙灘上蓋城堡一樣，用海沙、貝殼、浮木等裝飾這座城堡。我們怕別人碰、怕別人占去，我們是那樣執著，然而不管你如何保護，潮水終究會把它沖走。

如果你是有智慧、有所領悟的人，遲早都會發現，**世界只是一間暫住的旅店，你就像觀光客一樣，可以使用裡面的設施，但什麼都不能帶走。**既然如此，為什麼不趁著離開前，盡情地享用，並分享給大家？

在這世間你能獲得什麼？你又能帶走什麼？
你的地位或是你的財富、你的權勢？
包括你的身體在內，你什麼也帶不走，
當死亡到來，唯一可以帶走的就是你的靈魂。
現在就看你想將生命投注在哪些事情上，
你想用你的生命追求那些帶不走的，還是帶得走的部分？

37

放不下，心當然靜不下

在某個禪修營裡，主持人是一位大師，他教學員凡事要放下。那次禪修一共十天，從早上六點開始到晚上十點結束，每打坐四十五分鐘，就讀經四十五分鐘，唯一的休息時間是用餐時間。

在禪修大廳裡大家不是坐坐墊，就是坐在小凳子上，每天學員都要回到一開始選定的位置就坐。到了第六天，趁學員用餐時，指導老師重新安排了坐墊和凳子，待學員回到大廳後出現了騷動，幾乎每個人都起了執著心，因為他們習慣的座位被改變了。他們花了許多時間來學習「放下執著」，指導老師僅花了片刻，便讓大家看到自己其實有多麼執著。

我們對東西執著，對人、對事、對習慣執著，我們對執著上了癮。但大家可曾想過這種執著心有什麼不好？

對某人或某樣東西一有執著，就表示我們被某物或某人「綁住」了。例如，媽媽愛小孩，太在意、太想據為己有，痛苦就由此產生。當孩子長大結婚，自然和媳婦產生齟齬，造成家庭不和。再如，我們想升上某個職位或達成某個目標，自然會變得患得患失。一旦你執著什麼，你的喜怒哀樂都會受制於它們。得不到就會痛苦；得到以後，又害怕失去。得失之間，心豈能平靜？

「得」的快樂是一時的，「放」的快樂才是永久的

為什麼要「放下執著」？人們常會誤解，以為放下執著就是要放下擁有的一切，事實上並不是這樣，放下執著並不是針對我們所擁有的東西，而是針對我們對擁有東西所抱持的態度。

舉例來說，你可以擁有財富，想賺錢並沒有錯，但如果你覺得沒賺到錢，或是失去錢就痛心疾首，那就是執著。

你可以愛某個人，但如果你覺得非得到不可，沒得到或是失去就痛不欲生，那就是執著。

靈性導師拉姆・達斯（Ram Dass）在回答一位詢問者的問題時，曾完整地表達執著與不執著的並存性。他說：「此刻，我愛你如我曾愛過的每一個人，而我對於是否會再見到你並不在意。」這種不執著的態度就是放下。

有一則廣為流傳的故事：

某個禪師非常喜歡種蘭花，在平日弘法講經之餘，幾乎都在栽種蘭花。有一天，他要外出講學，於是交代身邊的小和尚照顧好寺院裡的蘭花。

禪師走了以後，小和尚悉心照顧蘭花，但有一天在澆水時卻不小心摔了一跤，把花架撞倒了，所有的花盆都摔碎了，蘭花散了滿地，很多都被摔壞了。

小和尚把禪師的蘭花摔壞了，心裡非常不安，每天都吃不下飯、睡不著覺。過幾天，禪師回來了，小和尚心驚膽顫地向禪師賠罪。禪師看著淚流滿面的小和尚，不但沒有責怪，反而和藹地安慰他。

「師父您真的不生我的氣嗎？」小和尚以為禪師可憐他年紀小才饒了他。

禪師笑著說道：「我種蘭花，一來是希望用它來供佛，二來也是為了美化寺裡環境，不是為了生氣才種蘭花的。」

禪師**沒有「執著心」，心情也就不會跟著外物來來去去，而起起落落**。

深呼吸一口氣，把念頭轉到別處去，看看窗外美麗的遠山，看看那藍天白雲，你對於眼前這片美景的感受，不應該為某個人的離去，或是某樣東西的失去而化為烏有。想想看，那個讓你痛苦的是什麼？那個害你心情煩亂的東西在哪裡？不過是你一念的執著，不是嗎？

南傳佛教大師阿姜查說得好：「如果放下一些，就會有一些平靜。如果放下很多，就會有很多平靜。如果全然放下，就會全然平靜。」

你一直放不下，心當然靜不下。

我們一定要和一個人綁在一起才能夠愛他嗎？
你會說：「不必！」然而一旦愛上某個人，
我們就會依戀對方，不想失去他，而抓住不放；
對事物的喜愛也是如此。
我們害怕自己不能掌控，就會緊抓不放，
以為這樣，我們就安全了。
事實上，你抓得越多，就越恐懼。
一旦放下那些執著、放下想要掌握的那些人事物，
你反而自由自在。
「得」的快樂是一時的，「放」的快樂才是永久的。

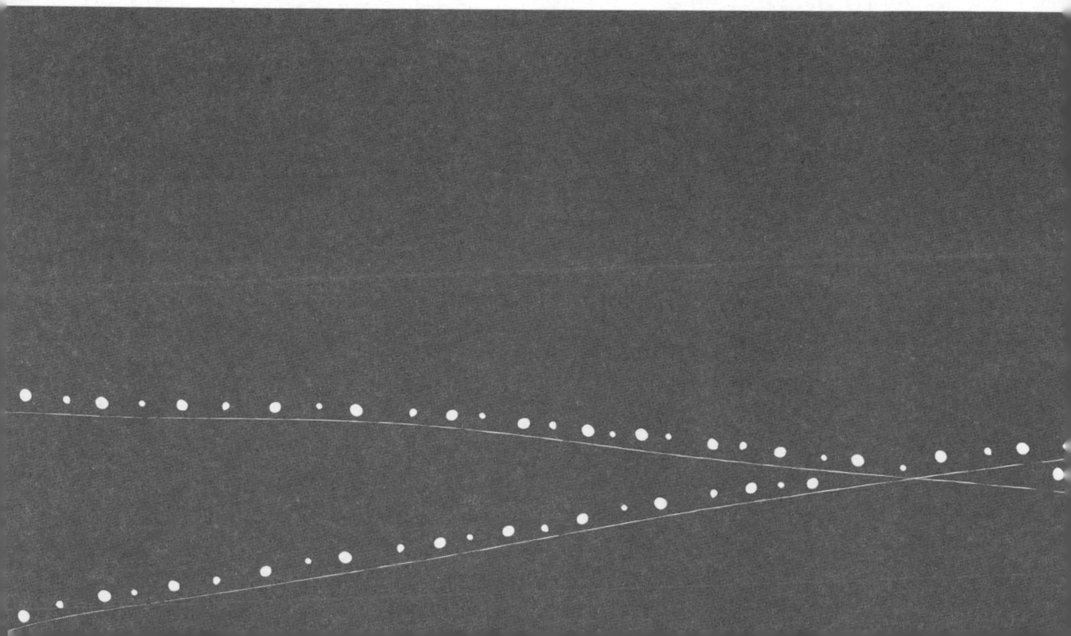

38 苦，是自己想出來的

人之所以受苦，是因為被困在自己創造的負面認知裡。

「我很苦」、「生病很苦」、「失戀很苦」、「沒錢很苦」、「孤獨很苦」……，這都是心對苦起了執著；這些苦都是自己創造的。

假設我待在空房間裡，想著自己沒有朋友，沒有人關心我，心裡會有什麼感覺？我會覺得自己孤單寂寞、悲慘淒涼。然而事情的真相是：我自己一個人待在房間，如此而已，悲慘和淒涼是自己想出來的。

「我會生氣，是因為他說話不算數。這是我自己編造出來的嗎？」一位朋友不平地說。

「或許不是，但你會如此生氣，卻是自己心中想法造成的。」我說。

一位學生說：「我會那麼傷心難過，是因為我的男友移情別戀。」

這也是把自己的想法加入既成事實。引述美國傷心療癒協會創辦人約翰・詹姆斯（John W. James）的話：**「遭遇是別人造成的，難過是自己造成的。」生命中的遭遇，我們本來就必須接受，但因為想法所追加的痛苦，卻不必要承受。**

曾有病人問說：「那得了重病呢？這痛苦難道也是自己想出來的？」

沒錯，我們如何想、想什麼，是決定我們經驗的唯一因素。那就是為什麼那些沒有失戀和生病的人一樣會陷入痛苦。這個世界能傷害我們的都不是外在的人事物，唯一能傷害我們的，是透過我們內心起的作用。

在醫院常看到人們歷經身心煎熬。有些人可以平和以對，有些人卻是哀怨悲苦。為什麼他們的反應如此不同？

我觀察後發現，當病人只有肉體的痛楚時，都沒有問題，但當他們開始對病痛起了念頭，覺得自己很可憐，想著自己很悲慘不幸，就開始覺得哀怨悲苦。

「我執心」基本上就是一種錯誤認知，而這錯誤正是我們受苦的根本原因。人們所有的苦難都是這麼來的。每個悲苦的感受背後，都存在一個悲苦的想法。遺憾的是，我們都太沉浸在情緒中，很少人懂得「往內看」，注意在痛苦的時候，自己內心正在想什麼？有什麼感覺？

以感覺作為指標，可以幫助我們知道自己置身哪一種思想模式。一般而言，若你覺得愉快，就意味著你置身正面想法當中；若你覺得不愉快，就意味著你置身負面想法當中，此時就該轉念了。

乍看之下，好像是生命的情境創造了痛苦，
其實不然，痛苦是我們創造出來的。
很顯然，抱持某個想法前，你沒有痛苦；
有了這個想法，你便陷入痛苦。這痛苦是怎麼來的？
是你自己「想出來」的，不是嗎？

39 你只要不再緊抓著不放就好

要放下傷痛，說來容易，做起來難，原因就出在人們對痛苦有很深的執著。更明白地說，人們並不是忘不了傷痛，而是不想忘記。

你還記得小學時誰欺負過你嗎？還記得被人排擠、被人背後說壞話、被老師責罰或做錯事被爸媽罵嗎？你可能都不記得了，就算記得一些細節，也已忘記當時痛苦的感受。但為什麼某些痛苦的往事你卻牢牢記得？

是你自己念念不忘，對嗎？

有一次，韓國禪宗鏡虛禪師帶著弟子滿空外出雲遊，隨處弘法。滿空剛出家不久，還不習慣這樣辛苦地在外面行腳。一路上都在嘀嘀咕咕，嫌背負的行囊太重，不時要求師父找個地方休息。

鏡虛禪師雖然嘴裡說到前面就休息，卻沒有要停下來的意思，一直健步向前，滿空跟在後面氣喘吁吁。

一天，師徒倆經過一個村莊，見到一位婦女。鏡虛想藉機給徒弟一些啟示，於是忽然趨前握住這名婦女的手和她說話。婦女大驚，叫了起來，鄰居聞聲出來探視，見有婦女被人調戲，大家齊聲喊打。

身材高大的鏡虛禪師立刻掉頭就跑，徒弟滿空只得背起行囊隨著師父飛奔，師徒兩人一連跑過幾個村莊，見後面再沒有人追趕，才在一條寂靜的山路旁停下腳步。

這時，鏡虛回過頭來問徒弟說：「你現在還覺得行囊沉重嗎？」

滿空回答：「好奇怪，剛才一心隨著師父往前奔跑，背上的行李一點都不覺得重。」

如果你不喜歡這個劇情，只要轉臺就好

累是因為你心裡老想著，所以，如果你有什麼「放不下」，就必須先深入內在，去看看你放不下的東西，究竟是它們抓住你，還是你抓住它們？能夠看清這點非常重要。

暢銷書《塞多納術》（The Sedona Method）作者海爾・多斯金（Hale Dwoskin）曾如此解釋及示範「放下」，我覺得很受用，當負面想法和感覺緊抓你不放時，你也可以試試看。

首先拿一枝筆，將筆緊握在手裡。筆代表你的想法和感覺，而手是你的知覺。

你注意到緊握著筆很不舒服，但過了一陣子，就會慢慢習慣。你感覺到了嗎？你的知覺也是用同樣的方式緊握住你的想法和感覺，最後你會習慣，

甚至不知道自己這樣緊握著。

現在把手打開，讓筆滾過手掌。注意你的筆和你的手並沒有黏在一起，你的想法和感覺也是如此，它們並沒有黏著你。

現在把手翻過來，讓筆掉下去。

發生了什麼事？筆掉到地板上。

這很難嗎？不難，你**只要不再緊抓著不放就好；這就是「放下」的意思**。

我們該如何放下過去的傷痛？

想想你如何甩掉手中燒燙的木炭？如何甩掉一件沉重而無用的行李？只要你體認到自己不想再承受更多的痛苦或繼續背負重擔，你自然就會甩掉。

沒錯，**天下沒有過不去的事，只有跟自己過不去的人**。一旦你了解到原來是你自己抓住傷痛，那要不要放下，就看你自己了。

我們無法忘卻痛苦的過去，但也毋須重新體驗它。
就算無法放開它，也毋須緊抓它。就像看電視一樣，
當你轉換頻道，所有的畫面就只是掠過你的眼前。
你可以決定是否要留在這個頻道，
如果你不喜歡這個劇情，只要轉臺就好。
任何思緒被遺忘或拋開時，就表示它已經不存在你心中了。
如果某事不存在你心中，它便不存在你的現實中，
而你也不會受它影響，除非你再次去想它。

40 你累了嗎？

想想，每個人初到這個世界時，都是光著身子、兩手空空，沒有帶來任何東西。等到年紀漸長，我們不斷買東西、要東西、找東西、堆東西……，這些不斷增加的物品、職責、財產、人際關係、應該做的、必須做的，幾乎占據了我們全部的時間和空間，壓得自己喘不過氣。

你曾打開來檢視過嗎？看看你背上扛了多少不必要的負擔？那些東西真的值得你一直背負嗎？

有個人覺得生活很沉重，便去見哲人柏拉圖，尋求解脫之道。

柏拉圖沒有說什麼，只給他一個簍子讓他背在肩上，並指著一條沙石路說：「你每走一步就撿一塊石頭放進去，看看有什麼感覺。」那人遵照柏拉圖的指示去做，柏拉圖則快步走到路的另一頭。

過了一會兒，那人走到了小路的盡頭，柏拉圖問他有什麼感覺。

那人說：「感覺越來越沉重。」

「這就是為什麼你感覺生活越來越沉重的原因。」柏拉圖說：「每個人來到這個世界上的時候，都背著一個空簍子，但在人生的路上，我們每走一步，就要從這個世界上拿一樣東西放進去，所以就會越走越累。」

那人問：「有什麼辦法可以減輕這些沉重的負擔嗎？」

柏拉圖反問他：「那麼你願意把工作、財富、地位、家庭、親友，哪一樣拿出來呢？」那人聽後沉默不語。

柏拉圖說：「既然都難以割捨，就不要去想背負的沉重，而去想擁有的歡樂。我們每個人的簍子裡裝的不僅僅是上天給予我們的恩賜，還有責任和義務。當你感到沉重時，也許你該慶幸自己不是另外一個人，因為他的簍子可能比你的大多了，也沉多了。這樣一想，你不就擁有更多的快樂嗎？」那人聽後恍然大悟。

懂得什麼該捨，就是懂得智慧

那些看似擁有的，其實是負擔。如果你深入去看，你將發現任何你所擁有的，也是你必須擔負起責任的；任何你所占有的都會占有你。當你買一臺手機、電腦，你就被手機、電腦占有了；當你得到權力、名聲、地位，你就被占有了；當你擁有伴侶、孩子、房子，你就被占有了。得到越多，那個擔子就越重。

佛教典籍中有一則故事：

一個富翁背著許多金銀珠寶到處尋找快樂，可是他走過千山萬水仍未找到快樂。他沮喪地坐在山道邊，問一個背著一大捆柴草從山上走下來的僧人：為何自己沒有快樂？

僧人放下沉甸甸的柴草，笑說：「快樂很簡單，放下就是快樂！」富翁頓時開悟：自己背負那麼重的珠寶，總怕人搶、怕人暗算，整天憂心忡忡，又要如何快樂呢？

所以，不必羨慕誰擁有的比你多。**滿足需求只是本能，明白自己不需要什麼才是人生智慧**。套句心理學家威廉・詹姆斯的話：「懂得什麼該捨，就是懂得智慧。」生命的過程就如同一次旅行，如果你想輕鬆自在，就必須卸下一些東西。

解脫其實不難，放下即解脫。

如果你只有一個背包，你想在裡面裝些什麼？
如果你能夠重新整理自己的背包，你會在裡面裝些什麼？
每次打開背包的時候，你最希望看到什麼？
很多人與其說他們不知道自己「想要」什麼，
不如說是不知道自己該「放棄」什麼。
就像打高爾夫球，充其量只需帶十四支球桿，
若你背著四十支球桿去參加高爾夫球比賽，
那只是額外的負擔，應該盡早放下。

41 當你消失了

你曾想過有一天，當你消失了，這世界會變得怎麼樣嗎？

試試看，想像你現在已經不在人世了，就當自己是個鬼魂，然後回到你熟悉的地方，看看少了你會有什麼不同？鬧鐘仍準時響起，媽媽一樣在準備早點，爸爸還是在看報，孩子一樣會長大，一切都照常進行。

沒有了你，公司仍準時打卡，會議照開，業務一樣在進行，餐會依舊熱絡……，所有事情一如平常地繼續下去。少了你，太陽依然升起，捷運依然準時發車，這世界依然運作得好好的，沒有什麼被遺漏。

這練習深具啟示，你可以經常做，去體驗一下自己完全消失——你不在人世了——然後你將慢慢發現，有些事，並非真的非你不可；有些人，並非真的非你莫屬；有些東西，並非真的要抓住不可。於是，你會開始珍惜眼前的人，珍惜一分一秒，珍惜一景一物。

人生沒有理所當然，盡情地活著吧

在劇作家王爾德（Thornton Wilder）的《小鎮》（Our Town）裡，有一幕墓園戲。天使安慰著剛死去的女主角艾蜜莉。她仍眷戀著原有的生命，於是天使特別恩准她回到人世，並讓她在一生近萬個日子裡任挑一天，去回味一下，結果她挑了十二歲生日那天。她想那應該是個值得重溫的美好時光，然而，她失望了。

十二歲生日的那天清晨，母親仍然忙得像一隻團團轉的母雞，沒有人有閒暇多看她半眼，穿越時光回來的女孩驚愕萬分地看著家人，不禁哀嘆：

「這些人活得如此匆忙、如此漫不經心，彷彿他們能活一百萬年似的。」

直到最後她必須離開人間，她難過地說：「這一切，我過去也未曾注意……再見……媽媽，爸爸。再見了，時鐘的滴答……媽媽的向日葵，以及美味的食物、咖啡……還有剛熨好的衣裳與熱水澡……舒服的床……噢！人間真是太美好了！」當她失去之後才明白，過去總把太多事物視為理所當然。

我們總習慣於「活著」，也將之視為理所當然，以至於忘了要盡情地活，忘了珍惜眼前的人事物，也忘了欣賞周遭的美好。

有空到墓園走走，去看看我們每個人的歸宿。我要說的是，這些人在活著的時候也跟你我一樣，以為這世界是靠他們忙東忙西來維持的，而今呢？

當人們死後回頭看世界，最常問的問題將是：「當我還活著時，為什麼凡事都放不下？為什麼那麼想不開？」

記得有一首小詩這麼寫：

高天與平地，悠悠人生路；
行行向何方，轉眼即長暮。
真是道盡人生如寄、轉眼即逝的惶恐。不管你是否察覺，生命都一直在前進。人生並未售來回票，失去的便永遠不再。
終有一天你會消失。沒有你，世界一樣會運作如常，所以，何必老是忙得團團轉？生命中大部分美好的事物都短暫易逝，趁花朵凋謝前，快去聞聞花香！

今天，就當自己是個鬼魂。
回到人世，去感受一下，
當你變得完全透明、沒有感官的時候，
你無法品嘗、欣賞、觸摸、聆聽、嗅聞，有什麼感覺？
回到家裡去看看，當你離開人世，
沒有你，家裡會有什麼不同？
回到辦公室去看看，當你消失後，
少了你，公司會有什麼不一樣？
這練習可以幫你放慢腳步，品味生活。

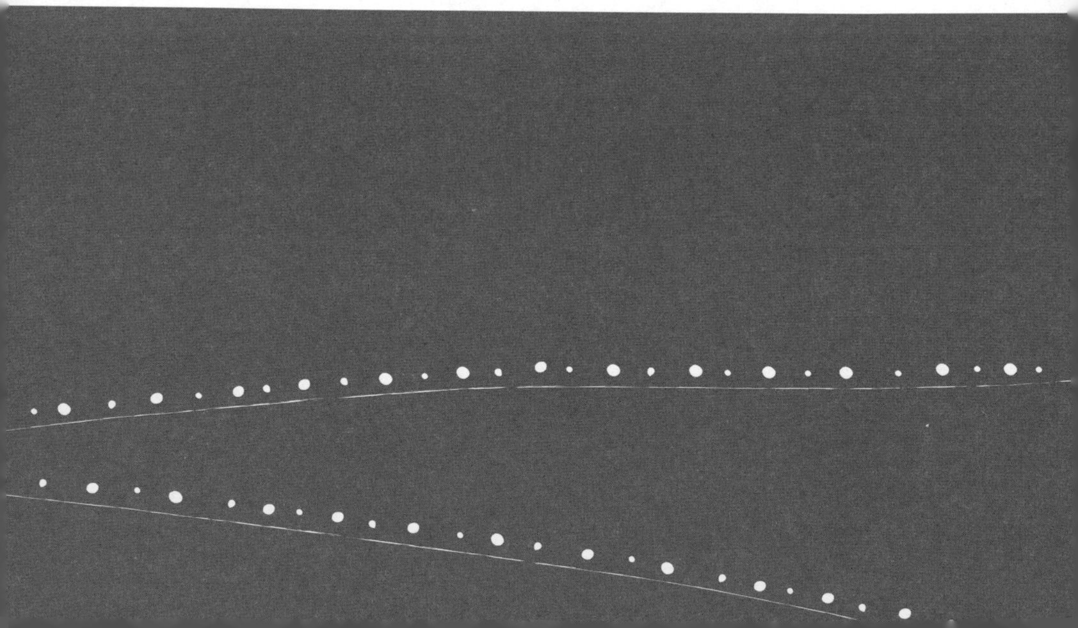

42 放寬、放下、放輕鬆

有個阿婆，八十多歲，一天告訴孫女：「最近我想通了，我不想再為子孫憂心操勞了！我憂心大半輩子，結果該發生的還是發生了，不好過的日子，終究會過去；晚年，我要努力讓自己活得快樂。」

這位阿婆用了一生的時間才猛然領悟，自己已經煩惱一輩子，要再如此繼續下去嗎？對生命有了深刻的省思後，阿婆開始了新生活。

變老並不等於有智慧，智慧開啟於你明瞭煩惱是無盡的——你賺了許多錢，卻還是在為錢煩惱；你爬到你要的職位，卻還是在那裡操勞；有了愛情，就對愛情放不下；有了事業，就對事業放不下；有了子孫，就對子孫放不下……，那是無止境的。

或許你已經得到一切，已經成就每件事，但唯有當你了解這一切不是獲得而是失去，你才能成為一個有智慧的人。

快樂是自己給的

想想看，如果你今天擁有很多財產，有沒有哪一天會失去呢？如果你今天青春美貌，有沒有哪一天會年老色衰？如果你今天身強力壯，有沒有哪一天會疾病纏身？如果你今天感情美滿、家庭幸福，有沒有哪一天可能會分東離西、生離死別？

生命是流動的，從來沒有一刻靜止。星球旋轉、四季遷移、潮起潮落，一切都在不停變化。童年時期住的那棟房子，已不是原來那棟；孩提時代認識的父母，身體早已不同往昔；你擁有的第一輛腳踏車、養的第一隻寵物，如今又在何處？

情人會變心，事情會變卦，健康會變化，昨天還活著的人，今天可能就死了，這就是「諸行無常」。這樣的人生真相，若我們越早認知就越能豁達以對，否則你所擁有的一切在失去時都將成為痛苦的來源。

我們能夠學到最美好的經驗就是不執著任何事。享受你的地位、你的錢財、你的男人或女人、你的青春美貌、你的生命……，但不要緊抓不放。唐朝百丈懷海禪師的詩：「有緣即住無緣去，一任清風送白雲。」就像清風白雲那樣，一切隨緣，應由它自然而來、自然而去，隨遇而安。

生活中有很多人和事，是你的，想逃也逃不掉，不是你的，想求也求不到，這叫緣。面對緣分，不必去苦求，也不必苦惱，緣來時隨緣，一切順其自然就好。

學習「三放」——放寬、放下、放輕鬆。**放寬才能自在，放下才能解脫，懂得什麼該放下、什麼時候該放輕鬆，你就學到了人生智慧。**

把重擔卸下吧！快樂是自己給的。在忙中偷個閒，在斜照夕陽中泡壺茶，躺在草地上晒太陽……。心情放開了，人間何處不逍遙！

在這個世界上，為什麼有的人活得輕鬆，
有的人卻活得沉重？那是因為前者拿得起放得下，
後者卻拿得起放不下，所以沉重無比。
有些東西擁有不一定會快樂，有些人得到不一定能長久，
而失去也不一定不會再有。想要真正快樂，
就不要對生命的得失起落太在意。
你原本就是快樂的，煩惱是後來才有的。
智慧，就是回到沒有煩惱以前的那顆心。

延伸閱讀

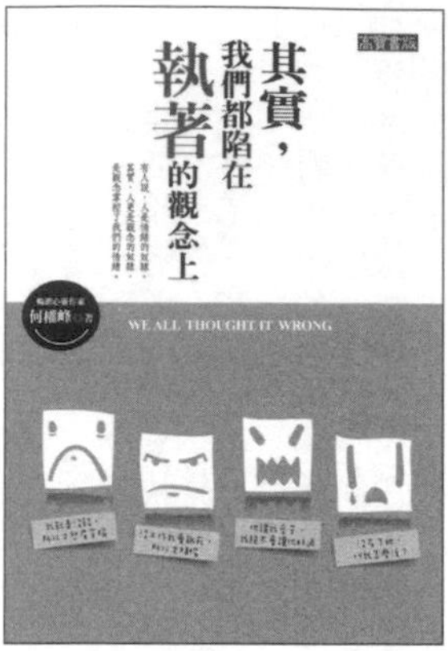

其實，我們都陷在執著的觀念上

作者：何權峰
定價：二二〇元

有人說，人是情緒的奴隸。
其實，人更是觀念的奴隸，
是觀念掌控了我們的情緒。

人一直活得不快樂，如果你深入探究，就會發現這跟我們執著的某些觀念有很大的關係。這些觀念，往往是我們從小到現在，人人都視為理所當然的。也正因如此，大家很容易陷在其中。

比方，人們追求快樂，許多人認為自己如果能夠擁有更多的錢、更豪華的房子、更有人性的老闆、更體貼的伴侶、更聽話的小孩……就會更快樂，但這些「快樂觀念」，不也正是我們陷在不快樂的原因嗎？

人對完美生活的迷思，就是人很難快樂的原因。然而有許多觀念都已根深蒂固，以至於很少人會去質疑，或者靜下來想。

沮喪的人說：「我就是沒錢，所以才愁眉苦臉。」但是有些人比你沒錢，為什麼人家也沒有愁眉苦臉？

煩惱的人說：「沒工作我會餓死，所以我才煩惱。」但煩惱能讓你變有錢？煩惱可以讓你找到工作嗎？

憤恨不平的人說：「他讓我受苦，我絕不會讓他好過。」但是讓他難過，你就會好過嗎？

失去所愛的人說：「沒有了他（她），叫我怎麼活？」可是在沒有他（她）之前，你不也活得好好的？

諸事不順的人說：「為什麼上天老跟我作對？」然而你又怎麼知道，上天其實有更好的安排？

愁眉不展的人說：「我工作不順，還有一堆事情沒完成，所以不快樂。」然而是誰規定說工作不順，或事情沒完成就不能快樂？

這些問題，你想過嗎？

我們總期待人生能順心如意，結果卻往往事與願違，為什麼？因為如果我們凡事都想順心，又怎麼可能事事如意？

其實，我們都陷在執著的觀念上。

精采內容

其實，我們都陷在執著的觀念上

作者：何權峰
定價：二二〇元

有人說，人是情緒的奴隸。
其實，人更是觀念的奴隸，
是觀念掌控了我們的情緒。

❀ 幸福，不是沒有缺憾；缺憾，也有別人沒有的幸福。

❀ 快樂，就是放下你認為能使你快樂的東西。

❀ 別再忙著去追求了，你沒發現到嗎？就是因為你太在乎追求反而讓你意識不到自己早已擁有的一切。

❀ 你不可能錯過什麼，因為錯過的都不是屬於你的。

❀ 你最受不了別人的地方，很可能也是別人最受不了你的地方。

❀人不想要有任何煩惱，卻沒有想到，自己就是所有煩惱的根源。

❀快樂與不快樂事實上是同件事，只是人們常落入時間假象，才會以為它們是分開的。

❀生命的圓滿，不是避開崎嶇起伏，而是走過崎嶇。

❀如果抓不到兔子，還有溫暖的陽光，與淡淡幽香的樹葉；如果釣不到魚，還有河岸風景，與草上發亮的露珠。何必限定自己只有抓到兔子或釣到魚才能快樂？

高寶書版集團
gobooks.com.tw

HL 047

快樂只有自己能給

作　　者　何權峰
編　　輯　余純菁
排　　版　趙小芳
美術編輯　黃鳳君
出　　版　英屬維京群島商高寶國際有限公司台灣分公司
　　　　　Global Group Holdings, Ltd.
地　　址　台北市內湖區洲子街88號3樓
網　　址　gobooks.com.tw
電　　話　(02) 27992788
電　　郵　readers@gobooks.com.tw（讀者服務部）
　　　　　pr@gobooks.com.tw（公關諮詢部）
傳　　真　出版部　(02) 27990909　行銷部 (02) 27993088
郵政劃撥　19394552
戶　　名　英屬維京群島商高寶國際有限公司台灣分公司
發　　行　希代多媒體書版股份有限公司/Printed in Taiwan
初版日期　2012年5月

國家圖書館出版品預行編目(CIP)資料

快樂只有自己能給 / 何權峰著 -- 初版. --
臺北市：高寶國際出版：希代多媒體發行,
2012.05　面；　公分. -- (生活勵志；HL047)

ISBN 978-986-185-707-7(平裝)
1. 修身　2. 生活指導
192.1　　　101007340

GOBOOKS
& SITAK
GROUP ©